# DARKLOVE.

The House Witch
Copyright © 2018 by Arin Murphy-Hiscock
Todos os direitos reservados.

Publicado mediante acordo com Adams Media, selo
da Simon & Schuster, Inc., 1230 Avenue of the Americas,
New York, NY 10020, USA.

Capa baseada no design original de Stephanie Hannus.
Imagens do Miolo © 123RF, © Shutterstock, Karl Blossfeldt

Tradução para a língua portuguesa
© Cláudia Mello Belhassof, 2022

**Diretor Editorial**
Christiano Menezes

**Diretor Comercial**
Chico de Assis

**Gerente Comercial**
Giselle Leitão

**Gerente de Marketing Digital**
Mike Ribera

**Gerentes Editoriais**
Bruno Dorigatti
Marcia Heloisa

**Editora**
Nilsen Silva

**Editora Assistente**
Talita Grass

**Capa e Projeto Gráfico**
Retina 78

**Coord. de Arte**
Arthur Moraes

**Coord. de Diagramação**
Sergio Chaves

**Designer Assistente**
Aline Martins / Sem Serifa

**Finalização**
Sandro Tagliamento

**Revisão**
Jane Rotta
Luciana Kühl
Retina Conteúdo

**Impressão e acabamento**
Ipsis Gráfica

---

DADOS INTERNACIONAIS DE CATALOGAÇÃO NA PUBLICAÇÃO (CIP)
Angélica Ilacqua CRB-8/7057

Murphy-Hiscock, Arin
  A casa da bruxa natural : Rituais, feitiços & receitas para criar
um lar mágico / Arin Murphy-Hiscock; tradução de Cláudia
Mello Belhassof. — Rio de Janeiro : DarkSide Books, 2022.
  256 p.

  ISBN: 978-65-5598-148-3
  Título original: The house witch

  1. Feitiçaria 2. Natureza - Magia
  I. Título II. Belhassof, Cláudia Mello

22-0926                                             CDD 133.43

Índices para catálogo sistemático:
1. Feitiçaria – Natureza 133.43

---

[2022]
Todos os direitos desta edição reservados à
**DarkSide®** Entretenimento LTDA.
Rua General Roca, 935/504 — Tijuca
20521-071 — Rio de Janeiro — RJ — Brasil
**www.darksidebooks.com**

Arin Murphy-Hiscock

# a Casa da
# BRUXA
# NATURAL

## GUIA COMPLETO

RITUAIS, FEITIÇOS &
RECEITAS PARA CRIAR
UM LAR MÁGICO

TRADUÇÃO
CLÁUDIA MELLO BELHASSOF

DARKSIDE

*Para Ada e Audrey, que estão
descobrindo e usando a magia como
uma forma de ajudar o mundo ao
redor e curar seus entes queridos.*

Arin Murphy-Hiscock

# a Casa da BRUXA NATURAL
## GUIA COMPLETO

# SUMÁRIO

17. **INTRODUÇÃO**

### *Capítulo 1.*
23. **UM LUGAR PARA CHAMAR DE LAR**
24. Magia de lareira e espiritualidade caseira
26. Por que a magia de lareira é tão especial
28. As ações cotidianas podem ser mágicas
31. Criando sua sede espiritual
33. Cuidando das pessoas da sua casa
35. Cuidando das pessoas de fora da sua casa
37. O caminho do cultivo e da nutrição
40. Bruxaria na cozinha

### *Capítulo 2.*
43. **SEU LAR COMO ESPAÇO SAGRADO**
43. O que significa ser sagrado?
45. A sacralidade do lar
47. A lareira sagrada
48. O fogo da lareira
50. O papel do fogo da lareira no lar
51. Criando uma fogueira purificadora
55. Abafando/cercando seu fogo

### *Capítulo 3.*
59. **SUA LAREIRA ESPIRITUAL**
59. Localizando sua lareira espiritual
61. Abençoando a lareira
64. Sua lareira espiritual imaginada
65. Acessando a energia da sua lareira espiritual
68. Envolvendo seus ancestrais

*Capítulo 4.*
73. A MAGIA DO CALDEIRÃO
73. O que é um caldeirão?
75. Caldeirões na mitologia
80. Usando o caldeirão na magia de lareira
86. Tipos de caldeirões
87. Cuidando de um caldeirão de ferro fundido
89. Abençoando seu caldeirão

*Capítulo 5.*
93. DEIDADES DA LAREIRA E DA CASA
93. Héstia
95. Vesta
96. Brigit
97. Tsao Wang
98. Kamui-fuchi
98. Kamado-no-Kami
99. Gabija
99. Ertha
100. Frigga
100. Bes
101. Espíritos domésticos

*Capítulo 6.*
109. A COZINHA COMO ESPAÇO SAGRADO
109. O poder da cozinha
113. Santuários e altares na cozinha
120. Agindo com atenção plena na cozinha
124. Trazendo a espiritualidade para a cozinha
126. Lamparinas e chamas sagradas na cozinha

*Capítulo 7.*
133. UTILIZANDO A MAGIA DE LAREIRA PARA PROTEGER O SEU LAR
133. Protegendo o seu lar espiritualmente
138. Estabeleça limites energéticos
144. Plantas, cristais e outras técnicas protetoras
147. Purificando e limpando o seu lar
148. Técnicas de purificação
156. Ritual de purificação de um cômodo
159. Manutenção da energia na sua casa

*Capítulo 8.*
161. MAGIA NA LAREIRA
162. A magia dos objetos cotidianos
165. A ética da magia na cozinha
167. Folclore da cozinha
169. Utensílios de cozinha tradicionais
170. Eletrodomésticos modernos e magia
178. Purificação regular da cozinha
179. Mantenha registros

*Capítulo 9.*
181. A ESPIRITUALIDADE DOS ALIMENTOS
181. Pense no alimento
182. A energia dos alimentos
185. Prepare as refeições com os sentidos atentos
188. Receitas

*Capítulo 10.*
201. ERVAS, ARTES E OUTROS TRABALHOS MÁGICOS RELACIONADOS AO LAR
201. A magia das ervas
215. Costuras e trabalhos com agulha
217. Garrafas mágicas
219. Magia falada
222. Boneca de palha de milho
224. Honrando as estações
226. Criando figuras e símbolos mágicos

*Capítulo 11.*
229. FEITIÇOS E RITUAIS
230. Acendendo uma lamparina a óleo ou uma vela
230. Consagrando velas ou combustível
231. Feitiços e rituais do caldeirão
232. Limpeza da soleira
233. Bênção da casa
234. Bênção de um cômodo
236. Purificação pessoal
237. Criando um espaço sagrado
239. Outras receitas mágicas

245. Posfácio
247. Apêndice: Ingredientes e suprimentos
249. Apêndice: Lista básica de referência de cores
251. Bibliografia

# *Introdução*

eu lar é um lugar de refúgio, renovação e criatividade, onde você começa e termina cada dia. Também é a raiz primária de sua energia e espiritualidade. A bruxa caseira[1] trabalha para homenagear e fortalecer esse espaço sagrado, tornando-o o mais simples, tranquilo e acolhedor possível.

Diferente das bruxas que se concentram nas práticas voltadas para a natureza, e das bruxas da cozinha, que se concentram na comida e na culinária, a bruxa caseira explora e usa a magia do lar. Apesar de outros caminhos espirituais muitas vezes olharem *além* do lar para se concentrar no mundo natural, a bruxa caseira cria um lugar sólido e encorajador para trabalhar — uma base doméstica literal (e mágica).

Em *A Casa da Bruxa Natural* você vai explorar as energias da lareira e da casa, além de aprender a criar um refúgio espiritual para você e seus entes queridos no tão agitado mundo de hoje. Nestas páginas, você aprenderá a:

---

[1] Embora a autora se refira à leitora e à bruxa caseira como "ela" ao longo deste livro, o caminho não exclui praticantes de outros gêneros. (Nota das editoras.)

- Localizar e fortalecer a lareira espiritual do seu lar
- Realizar rituais para proteger e limpar o ambiente
- Criar um santuário na cozinha
- Preparar receitas que misturam magia e alimento
- Dominar os segredos do caldeirão e da chama sagrada
- Trazer as antigas práticas das bruxas caseiras para os tempos modernos
- Produzir artes e produtos manuais para a casa

Em essência, o papel da bruxa caseira é servir como facilitadora do bem-estar espiritual dela mesma, da família e de seus convidados. Seu lar é seu templo, do qual ela cuida a fim de manter a energia fluindo de maneira suave e livre, além de honrar os princípios que sustenta. Ela busca apoiar e cultivar a família (e a comunidade estendida) física e espiritualmente. Sendo assim, se você estiver pronta para explorar a magia que pode ser encontrada ou criada no seu lar e usá-la para melhorar a sua vida, vamos começar.

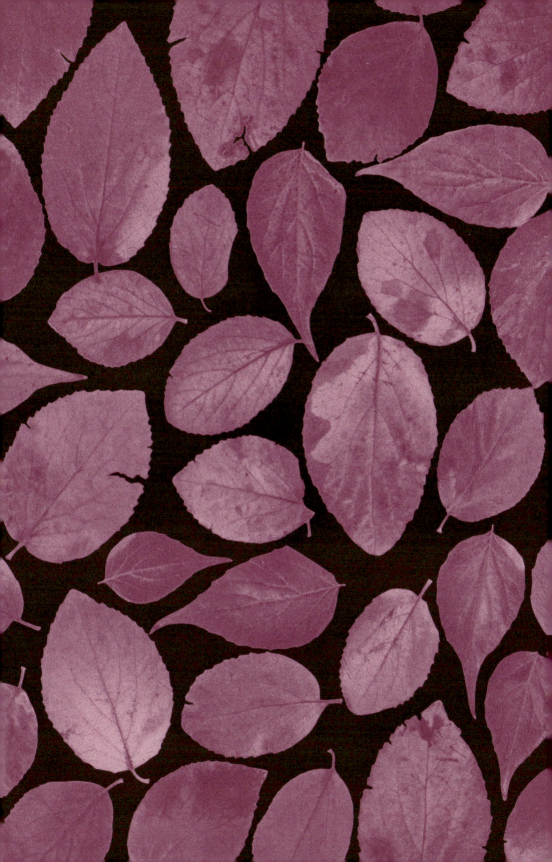

# Um lugar para chamar de lar

*Capítulo 1*

Se há alguma coisa que todas as pessoas têm em comum é a necessidade de abrigo, cuidado e de um lugar que possam chamar de lar. Esse lugar é para onde retornamos em busca de refúgio, renovação, relaxamento e rejuvenescimento. Neste capítulo, você vai aprender o conceito de lar e seu lugar na vida espiritual.

A espiritualidade vem de dentro, e o caminho ou prática espiritual que você escolhe fornece a ela um contexto. Um dos mais comuns desses contextos é a lareira, o centro espiritual do lar. Não importa qual seja o seu caminho espiritual no momento, enraizá-lo no coração de sua casa faz muito sentido e pode nutrir o restante da sua vida espiritual.

# Magia de lareira e espiritualidade caseira

A magia de lareira é um caminho espiritual enraizado na crença de que o lar é um local de beleza, poder e proteção — um lugar onde as pessoas são cultivadas e nutridas espiritual, física e emocionalmente. Essa magia centrada no lar descreve a parte da espiritualidade associada ao caminho da bruxa caseira. Não se trata de magia da cozinha, embora ela possa ter algum papel na prática da bruxa caseira. Também não é o caminho verde, ainda que esse tipo também possa influenciar e enriquecer a prática voltada para a casa e seu centro espiritual.

A magia de lareira argumenta que a espiritualidade, assim como várias outras coisas, começa em casa. Não é o suficiente frequentar uma reunião espiritual externa em intervalos específicos; o lar em si é elemento essencial em uma prática fortalecedora, vibrante e contínua. Houve uma época em que a religião organizada era o que se podia contar como fonte da realização espiritual. Com a crescente insatisfação dentro das instituições religiosas organizadas, o redirecionamento do foco espiritual para o lar, seja como elemento central ou de apoio, faz cada vez mais sentido. Honrar a lareira significa honrar suas origens, o lugar de onde você sai todos os dias e para onde volta todas as noites.

## Por que magia de lareira?

A palavra *hearth* (lareira) tem origem no inglês arcaico e significa o chão ao redor de uma lareira ou a parte inferior de uma caldeira onde se coleta o metal derretido durante o processo de fundição. Ao longo dos tempos, a lareira passou a simbolizar o conforto doméstico e o lar inteiro, sendo percebida como o coração ou o centro da residência. Portanto, quem pratica a magia de lareira é alguém cujas práticas espirituais giram em torno da lareira e da casa, conforme simbolizado pela própria lareira e pelo fogo que queima em seu interior.

*"Magia da cozinha", talvez um termo mais conhecido, é usado popularmente para designar a prática da magia ao cozinhar, assar biscoitinhos e bolos e/ou praticar atividades cotidianas. A magia de lareira se diferencia da arte na cozinha ao enfatizar sobretudo o aspecto espiritual que envolve a prática — ao contrário da prática mágica que é essencial para a bruxa da cozinha. Você encontrará mais informações sobre esta última nos trechos seguintes deste capítulo.*

A magia de lareira, assim como outros aspectos do caminho da bruxa caseira e outras formas de magia da cozinha e natural, gira em torno da praticidade e das poucas diretrizes ritualísticas ou formalidades necessárias. Aqui estão algumas palavras-chave que você deve ter em mente quando pensar em seu uso:

- Simples
- Prática
- Relacionada à família
- Doméstica
- Cotidiana
- Caseira

## Simplifique

As práticas sugeridas neste livro baseiam-se na simplicidade. Aqui, a palavra *ritual* não significa algo mirabolante e complicado; ao contrário, significa uma cerimônia intuitiva ou alguma coisa que possa se destacar da atitude cotidiana por meio da atenção plena e da intenção. Além disso, a palavra *magia* significa a tentativa consciente e direcionada de realizar mudanças combinando e direcionando a energia para um objetivo positivo. Os rituais e trabalhos mágicos incluídos neste livro são apenas linhas gerais que servem como referência na estruturação de sua própria prática espiritual caseira.

# Por que a magia de lareira é tão especial

A magia de lareira funciona de acordo com uma verdade muito básica:

*Viver é um ato espiritual.*

Dito isso, pode ser difícil isolar o que exatamente constitui espiritualidade e, por extensão, como vivenciá-la na prática dentro de casa.

O que torna a magia de lareira tão especial é que os seus princípios se encaixam nas coisas que você faz todo dia em casa — na verdade, são a mesma coisa. Este livro foi escrito com a intenção de ajudá-la a reconhecer e a reparar nesses detalhes para, então, poder apreciá-los ainda mais. Ele também oferece algumas ideias de como incrementar essas ações e objetos cotidianos a fim de facilitar ou aprofundar a sua experiência.

## O que é espiritual para você?

Cultivar o elemento espiritual do lar é fundamental para o caminho da bruxa nele centrada. Como você pode fazer isso? A resposta depende da sua definição de *espiritual*. Você já leu algumas definições básicas, mas o crucial para essa prática é a sua própria definição do termo. Pense nas seguintes perguntas:

- O que constitui uma experiência espiritual para você?
- Quais são as características de um objeto sagrado?
- Quais elementos de uma ação a tornam espiritual?

Essas perguntas são muito importantes, e cada pessoa terá suas próprias respostas. Tentar definir *espiritual* pode ser desafiador, frustrante e um teste de fé. Você pode não ser capaz de dizer mais do que "eu simplesmente sei quando uma coisa é espiritual", e tudo bem. Reconhecer alguma coisa como espiritual é, também, afirmar que algo nela tem o poder de emocionar ou tocar você profundamente de um jeito muito específico — evocando certos sentimentos que podem ser indefiníveis.

## Tenha foco na sua prática

Uma vez que saiba o que considera espiritual ou que acontecimentos ou ações evocam essa reação, talvez você tenha uma ideia de onde focar na sua prática da espiritualidade caseira — e como identificar ou estabelecer as atividades cotidianas que podem apoiar sua espiritualidade, reconhecendo e usando esses momentos a fim de reforçar seu compromisso de transformar o seu lar em um lugar espiritual. Um dos métodos é usar esses momentos ou atividades como uma oportunidade para pensar em coisas "importantes" (não "importantes" como verificar a conta bancária ou comprar mantimentos para o jantar, mas questões relacionadas à sua espiritualidade); uma oportunidade para enviar bons pensamentos à sua família, seus amigos e sua comunidade; uma oportunidade para praticar um tipo de "meditação em movimento", na qual você realiza uma ação simples e contínua com a mente vazia. Talvez você reserve um instante para fazer uma oração ou apenas abrir o coração e conversar com Deus na forma como você visualiza o Divino, o universo, o espírito do amor ou com quem quer que você deseje conversar.

Manter uma espiritualidade saudável significa manter-se relaxada, focada e praticando *alguma coisa*. Significa manter as linhas de comunicação abertas entre você e algo maior do que você. O termo *prática* muitas vezes é usado para descrever o que a pessoa faz em relação ao próprio caminho espiritual e, por isso, significa agir de maneira física ou intencional em relação a uma teoria associada a esse caminho. Ao buscar ou definir de forma ativa as atitudes espirituais, você cria a oportunidade de desenvolver uma conexão mais profunda com o mundo ao redor. (O Capítulo 2 explora a santidade de maneira mais profunda, sobretudo nos elementos referentes ao lar.)

# As ações cotidianas podem ser mágicas

Há uma constante sensação de que algo simples não pode ser tão eficaz, poderoso ou útil quanto uma coisa mais complicada ou difícil. Essa é uma percepção humana esquisita. As pessoas adoram complicar as coisas, talvez para ter algum argumento disponível se fracassarem. "Era difícil demais!", elas podem reclamar. A humanidade parece evitar esse compromisso por instinto. Mas assumir a responsabilidade pela sua prática espiritual, trabalhando a partir do coração do seu lar, é um passo em direção a um relacionamento recompensador com o mundo ao redor.

Tudo é, ou pode ser, um ato de magia. Mexer uma panela de sopa ao requentá-la pode ser um ato de magia. Assim como limpar a bancada, lavar a louça, encher a chaleira e arrumar sua caixinha de chás. Então, como fazer com que essas coisas sejam mágicas? Não é com palavras nem formas secretas desenhadas no ar. Não há necessidade de adicionar alguma coisa, mas sim de reconhecer e admitir algo que já existe.

Como reconhecer a magia? Experimente as seguintes etapas:

- Viva no presente. Estar presente é mais difícil do que parece. Significa não pensar na próxima ação nem na que você acabou de realizar, não pensar que você precisa sair em meia hora para pegar as crianças na escola ou que precisa se lembrar de comprar leite no caminho para casa. Significa pensar no que você está fazendo neste exato momento. Apenas ser. Sinta o peso da jarra na sua mão; sinta o peso mudar quando você a inclina para servir o leite; ouça o som do líquido caindo no copo.

- Tenha consciência da sua intenção. A consciência é a chave para a maioria dos trabalhos mágicos. Enquanto estiver realizando sua ação, certifique-se de ter uma expectativa clara do resultado e da energia que está associando a ela. Visualizar um resultado claramente definido é a chave para o êxito.

- **Direcione sua energia de maneira adequada.** Concentre sua vontade e permita que ela preencha a ação que você está executando. A energia mal direcionada é um desperdício.
- **Concentre-se em uma ação.** Pode ser desnecessário mencionar que deve haver uma ação na qual ancorar o seu trabalho mágico; mas, por uma questão de clareza, vale a pena registrar que é melhor estar concentrado em uma única ação do que em uma série de ações. É muito difícil manter o foco por períodos mais longos, mas fica ainda pior se você precisar mudar de ação no meio do caminho.

Lembre-se que a magia de lareira envolve simplificar e se concentrar no trabalho que você está fazendo na casa. Se, em algum momento, sentir que precisa falar algo espiritual ou mágico, fale com o coração ou use uma pequena prece ou poema que já conheça e possa aplicar em diversos momentos. (Veja o Capítulo 10 para obter sugestões de encantamentos mágicos e orações.)

Em essência, magia é a arte de focar claramente a sua vontade com a intenção de ajudar a criar uma mudança ou transição de algum tipo. Se estiver familiarizada com a prática contemporânea da magia, especialmente em conjunto com a sua prática espiritual, você já sabe que certos símbolos ou objetos podem ajudá-la a se concentrar e a canalizar energia para a realização dessa mudança. Se estiver interessada nesse tipo de trabalho como complemento à sua prática espiritual, leia um livro focado especificamente em magia e feitiços, como o meu livro *Power Spellcraft for Life*. Como este livro se concentra mais na prática espiritual caseira, não faço uma abordagem tão profunda sobre o trabalho voltado para a magia. No entanto, ele inclui a sabedoria popular e a tradição caseira — que algumas pessoas podem identificar ou definir como magia.

*Embora muitas pessoas usem os termos <u>casa</u> e <u>lar</u> alternadamente, há uma diferença entre os dois — e, neste livro, cada termo é usado para descrever algo específico. <u>Casa</u> refere-se à habitação física, às quatro paredes, ao telhado sobre a sua cabeça e ao endereço e localização geográfica da sua residência. <u>Lar</u> refere-se à entidade energética criada por essa habitação física, à família que mora nela e à identidade que surge pela interação entre as duas.*

Como tudo isso se relaciona à espiritualidade? Cada segundo é uma chance de estar no agora, de apreciar o momento e de torná-lo mágico. Ao fazer isso, você reconhece que até as tarefas mais simples instruem o seu espírito e podem nutrir a sua alma. Permitir-se estar presente ilustra o quanto você é especial. Afinal de contas, a vida é feita de muitos momentos ínfimos agrupados. Abrir-se para as tarefas mais simples e permitir que elas o inspirem com algum *insight* ou sabedoria, ou mesmo com um momento de paz, ilustra que o Divino pode te sussurrar mensagens nos lugares mais estranhos e inesperados. A magia de lareira diz respeito à comunhão com o Divino por meio de tarefas cotidianas, e não de rituais formais complicados.

# Criando sua sede espiritual

A bruxa caseira procura produzir e manter no lar a melhor atmosfera possível para sua família e amigos; além de apoiar, alimentar e nutrir essas pessoas física e espiritualmente.

Uma casa é uma estrutura neutra, e um lar é um local vivo e próspero, criado pelas ações e intenções das pessoas que moram nela. O lar é um santuário, um lugar de segurança. É definido pelas pessoas que moram ali, é criado por elas e ajustado para a energia desses moradores. A energia define o lar de várias maneiras: ela o alimenta e o impulsiona espiritual e emocionalmente, mas também é aplicada na forma do dinheiro que é investido no lar. Os pagamentos de prestações, aluguéis, móveis e consumíveis são todos alimentados pela energia em forma de dinheiro, que é ganho por um indivíduo por meio do trabalho ou outra troca de energia. Emoção, tempo e dinheiro são formas válidas de energia que são parte da administração de uma casa e de um lar.

O lar é onde você constrói uma base ou sede a partir da qual você pode se aventurar pelo mundo e para a qual pode retornar no fim do dia. É um lugar onde você pode ser você mesma, relaxar e permitir que a energia, que você controla com tanto rigor fora de suas paredes, flua livremente em um espaço protegido. É uma base excelente e muito disponível para a prática espiritual.

Denise Linn, autora de *Sacred Space,* diz o seguinte: "Os lares são representações simbólicas de nós mesmas e, na verdade, em um sentido mais profundo, são extensões de nós mesmas". Ela está absolutamente certa. No nível inconsciente, sua maneira de tratar o espaço em que vive, muitas vezes, pode dar uma ideia de como você se percebe. Em um nível mais ativo, ao controlar de forma consciente a organização e decoração, é possível impactar seu senso de identidade e influenciar seus sentimentos. O ambiente afeta o seu funcionamento emocional, físico e mental; faz sentido que também afete seu bem-estar espiritual.

Para muitas de nós, é importante ter em casa um cômodo ou um espaço que seja apenas nosso: um quarto, um cantinho, um escritório ou uma sala de leitura. Porém, muitas vezes é negligenciada a existência de uma área comum que seja cuidada com uma percepção consciente do mesmo jeito que um espaço particular ou pessoal seria. Os espaços comuns em um lar, como quartos, salas de estar, banheiros e cozinhas, se tornam um agregado da energia de todas as pessoas que os utilizam e das atividades que acontecem ali.

Em vez de permitir que a energia se forme de um jeito aleatório, sem nenhum tipo de direcionamento consciente, e viver com o resultado que surgir disso, é prudente assumir as rédeas e orientar a identidade da assinatura de energia. No próximo capítulo, vamos explorar a ideia de como isso também impacta a saúde espiritual e o bem-estar dos membros da família.

A energia é fluida e está sempre em movimento; então o resultado nunca é permanente. O ideal é fazer uma manutenção contínua. E nunca é tarde demais para começar a trabalhar — ou reverter — a assinatura energética de um cômodo comum que seja hostil ou desconfortável de algum jeito.

Manter, orientar e moldar a energia de um cômodo de uso comum é um jeito de se preocupar com a saúde e o bem-estar das pessoas que o utilizam.

# Cuidando das pessoas da sua casa

A prática da magia de lareira pressupõe ter alguém de quem cuidar, mesmo que seja só você e seus animais de estimação. A família é um dos pilares da magia de lareira.

Os membros da família (e/ou os residentes da casa) são participantes ativos no ato de moldar e afetar a energia do lar. Ao serem ativos, comunicativos, amorosos e afetivamente presentes, eles mantêm e nutrem de forma contínua o elemento espiritual da casa. Os membros da família fornecem energia para a bruxa caseira administrar, e esse é um dos motivos para a prática. A energia viva é importante nesse caminho. Sem ela, o lar torna-se apenas uma casa.

A dinâmica familiar ativa, fluida e em constante mudança garante a contribuição e a atividade, elementos essenciais para o bem-estar espiritual do lar. No entanto, também é importante lembrar que a interação e o apoio da família vão além da manutenção da identidade geral da casa: os membros da família também se apoiam mutuamente como indivíduos.

## Pense nos seus valores

É cada vez mais frequente que as pessoas deixem de ser membros de um grupo religioso definido; por isso, cabe à família prover apoio espiritual para seus membros. Isso pode ser desafiador, sobretudo quando você pensa na moral, na ética e nos valores que uma religião organizada define e transmite aos seus praticantes. Estes três termos são delicados e, às vezes, até confundidos.

- Moral: padrões de comportamento ou princípios de certo ou errado.
- Ética: os princípios morais que governam ou influenciam a conduta.
- Valores: princípios ou padrões de comportamento. *Valor (singular)*: o aspecto que alguma coisa tem ou merece; importância ou preço.

Como essas três definições acabam se entrelaçando, vamos simplificá-las:

- A moral envolve os princípios de certo e errado.
- A ética é a aplicação da moral ao comportamento de alguém.
- Os valores são a moral e a ética que um indivíduo, ou uma sociedade, considera importantes e dignos de apoiar.

Defina qual moral é importante para você e demonstre-a de forma ativa por meio de um comportamento ético, especialmente no coração da família.

Se sua família é aberta a discutir espiritualidade, peça sua contribuição ao definir os valores fundamentais que deseja associar à sua lareira espiritual. É justo incluir seus familiares e as crenças deles, pois o que acontece no meio familiar também os impacta e afeta. Pode ser muito esclarecedor descobrir qual moral e ética seu parceiro ou seus filhos valorizam, e eles podem surpreender listando princípios nos quais você nem tinha pensado.

## Defina seus valores

Aqui está um exercício que você pode fazer com a família — ou sozinha, caso você seja a única habitante do lar. Faça uma sessão de *brainstorming* na qual vocês conversem sobre moral, ética e valores e, logo depois, elaborem uma lista geral. Quando a sessão acabar, marque outra reunião para alguns dias depois. Discutam a lista geral criada durante a sessão anterior. A partir da lista global, escreva todas as questões mais importantes para a família. Afixe-a à porta da geladeira ou a um quadro de avisos para que todos possam visualizá-la com frequência. Para cada item da lista, dê um exemplo da vida real. Por exemplo, se um dos valores for "consciência ambiental", um exemplo pode ser "levar o almoço para o trabalho em uma sacola ou marmita reutilizáveis". Uma ilustração para "compaixão" pode ser "fazer uma xícara de chá para uma pessoa e sentar-se junto dela para mostrar que se importa".

Procurar cada palavra da lista no dicionário e ler a definição também pode ser esclarecedor, porque a ideia popular do significado de termos como *compaixão* e *generosidade* pode não ser o que esses termos significam de verdade. Os membros da família podem discutir a diferença entre a definição do dicionário e o seu entendimento do termo e preferir um significado a outro, se o significado escolhido tiver mais peso ético para eles e uma influência mais positiva sobre a maneira como desejam viver a vida.

## Cuidando das pessoas de fora da sua casa

Um dos elementos essenciais do caminho da magia de lareira é a pressuposição de uma comunidade de algum tipo para cuidar, pode ser você e um animal de estimação, sua família ou até seu círculo de amigos. A maioria das bruxas caseiras segue esse caminho porque sente a necessidade de cuidar das pessoas próximas. A cozinha e a casa são lugares onde pessoas vivas funcionam e interagem. Essas pessoas são a alma do lar, assim como a lareira e o fogo são o coração da casa. Em consequência disso, a bruxa caseira pode ter um impacto significativo sobre a família e a comunidade estendida que interage com seu círculo. A energia que você mantiver no lar vai afetá-las, assim como a energia que elas trouxerem para a sua lareira espiritual vai ajudar a alimentá-la.

A magia de lareira envolve uma conexão com a comunidade. O termo *comunidade* às vezes pode ser enganador, pois costumamos associá-lo a um conjunto de pessoas de uma região. O termo pode envolver qualquer grupo de pessoas unidas na busca por um objetivo semelhante.

O sangue não é o único indicador desses laços íntimos. O termo *parente* muitas vezes é usado para descrever aqueles que são membros da sua unidade familiar de sangue, mas o termo *aparentado* significa algo ou alguém essencialmente similar. As pessoas que têm interesses ou filosofias semelhantes aos seus, com quem você tem uma faísca de conexão e que você convida para a sua casa, também constituem um tipo de comunidade. Você pode ter amigos próximos que ocupam um lugar especial no seu coração, indivíduos com opiniões parecidas que a apoiam e amam. Eles fazem parte da sua família, mesmo que não possuam laços consanguíneos ou legais.

*Família escolhida* é o termo que costumamos usar para descrever esse círculo. A família escolhida é um exemplo de círculo fechado ou comunidade para o qual suas práticas mágicas ressoam de alguma forma, estejam eles conscientes do seu foco espiritual ou não. Cuidar deles de maneira emocional e física — um telefonema de apoio, uma xícara de chá, uma fatia de bolo em um dia estressante — é outro jeito pelo qual a magia de lareira se expressa. Cuidar da família e da comunidade a fim de criar um ambiente que apoie o crescimento e o desenvolvimento deles de forma saudável, em todos os níveis, é uma das atitudes de uma bruxa caseira.

# O caminho do cultivo e da nutrição

O caminho da bruxa caseira é enraizado nos caminhos paralelos do cultivo e da nutrição. O que significam essas palavras? O *Oxford English Dictionary* define criar ou cultivar (em inglês, *nurture*) como "apoiar e estimular o desenvolvimento de (uma criança); cultivar (uma esperança, crença ou ambição)".[1] O substantivo é definido como "a ação ou o processo de cultivo; criação, educação e ambiente como um fator que determina a personalidade". Ele define nutrir (em inglês, *nourish*) como "fornecer o alimento ou outras substâncias necessárias para o crescimento e a saúde; manter (um sentimento ou crença) na mente de alguém por muito tempo".[2]

Essas duas definições descrevem uma boa parte da magia de lareira em poucas palavras: prover sustento físico e ambiental a fim de apoiar o crescimento, a saúde e o desenvolvimento. A magia de lareira busca nutrir e cultivar em nível espiritual e físico. Vamos explorar a razão pela qual os elementos básicos utilizados para cuidar das pessoas são tão importantes.

## O poder das necessidades básicas

Comida e abrigo são duas das coisas mais básicas de que um indivíduo precisa para ter uma boa vida. O conceito de lareira e lar reflete essas duas coisas: proteção e alimento. Isso pode ser insignificante se comparado a outros objetivos mais imponentes na vida; mas, na realidade, essas necessidades são básicas e, por isso, precisam ser atendidas para que você possa explorar o potencial mais elevado da sua vida e do seu espírito.

---

[1] Segundo o *Dicionário Houaiss da Língua Portuguesa*, criar significa "dar sustento a, garantir a sobrevivência de; sustentar, alimentar", e *cultivar* significa "educar(-se), formar(-se), aperfeiçoar(-se)". (As notas são da tradutora.)

[2] Segundo o *Dicionário Houaiss da Língua Portuguesa*, nutrir significa "prover(-se) de alimento, de substâncias nutritivas; alimentar(-se)".

A hierarquia das necessidades de Abraham Maslow demonstra essa exigência. Maslow propôs uma cadeia de necessidades, todas baseadas nas anteriores. A hierarquia das necessidades demonstra que as exigências físicas fundamentais, como alimento, abrigo e proteção, são necessidades válidas — que devem ser resolvidas para gerar a segurança e a energia exigidas pela busca de outras necessidades mais elevadas que Maslow delineou, como criar um ambiente esteticamente agradável ou buscar o entendimento do *eu* dentro da comunidade. A teoria de Maslow não é absoluta, mas oferece uma explicação útil para o foco da humanidade no conceito de lareira e lar e, ainda, por que ele parece estar tão impregnado na nossa cultura e na nossa mente.

A hierarquia de Maslow, muitas vezes, é apresentada na forma de uma pirâmide contendo as necessidades básicas ou inferiores na base e as necessidades superiores no topo:

1. Necessidades básicas, como alimento e abrigo.
2. Necessidades de segurança, como proteção contra os elementos e sensação de segurança em relação ao desconhecido.
3. Necessidade de amor e pertencimento, dentro de uma unidade social pequena e de uma comunidade maior.
4. Necessidades de autoestima ou confirmação da aceitação dentro da comunidade, de onde vem o sentimento de autovalorização.
5. Necessidade de entendimento, como no item acima, pela comunidade em que o indivíduo atua.
6. Necessidades estéticas ou ser capaz de manipular o ambiente do jeito desejado para refletir a beleza ou algum outro valor.
7. Necessidade de autoatualização, que pode ser interpretada como automelhoria e se sentir recompensado ou satisfeito com a própria vida, assim como ter o ímpeto de lutar por mais.
8. Transcendência e experiência de pico, a culminação do processo de autoatualização e a fuga espiritual definitiva do mundo material: a ausência de necessidades.

A magia de lareira tende a se concentrar em garantir e manter essas necessidades básicas. Isso é muito diferente de ser simplista ou primitiva: todas as pessoas exigem pelo menos os dois primeiros itens básicos, alimento e proteção, para sobreviver. A magia de lareira está enraizada nessas necessidades primordiais, o que a torna um caminho necessário e altamente respeitado. Sem a garantia dessas necessidades básicas, você não consegue sair para explorar caminhos mais elevados ou buscar experiências mais desafiadoras na vida. No fim, as questões abordadas na magia de lareira são exigidas por todas as pessoas, de um jeito ou de outro.

Sabendo disso, é difícil acreditar que ainda hoje algumas pessoas consideram perda de tempo os trabalhos e atividades dedicados a manter um lar seguro e feliz. É vergonhosa, por exemplo, a rejeição casual de homens e mulheres que escolheram seguir um caminho centrado no lar e que, por isso, são tratados como cidadãos de segunda classe; sobretudo quando observam normas sociais e histórias que descrevem a mulher como rainha do lar — alguém que administrava e comandava, proporcionando à sua família uma base segura, calorosa, protegida e bem-sucedida a partir da qual funcionar, otimizando assim suas chances de sucesso nos caminhos escolhidos. Com as necessidades básicas atendidas e garantidas, você pode concentrar sua energia nas necessidades mais elevadas e espirituais, como a autoatualização e a transcendência.

A prática da magia de lareira é um excelente método para garantir a confiança e a autoestima por meio da atenção às necessidades básicas. Quanto mais controle você tem sobre a energia e a função do ambiente do seu lar, mais provável que você e sua família estejam relaxados e felizes. Quando você está relaxada, há menos obstáculos que desviam a energia renovadora que flui pela sua vida. O estresse, a ansiedade e o medo costumam estar emaranhados e, assim, desviam essa energia com facilidade. Manter uma lareira acolhedora, serena e feliz maximiza seu potencial de criar uma vida bem-sucedida, apoiada sobre a firme fundação construída na lareira, no coração espiritual do lar.

# Bruxaria na cozinha

Existem muitas outras tradições que têm um elemento da magia de lareira. No entanto, a mais familiar é a bruxaria na cozinha. Como mencionado antes, os dois caminhos são diferenciados pela ênfase no elemento espiritual encontrado no caminho da bruxa caseira — ao contrário do caminho da bruxa da cozinha, mais voltado para a magia.

Uma bruxa da cozinha é alguém que pratica a magia cozinhando, preparando bolos e biscoitinhos, e fazendo outras tarefas na cozinha. Patricia Telesco, possivelmente a mais conhecida praticante de bruxaria na cozinha, diz em seu *Livro de Receitas da Bruxa da Cozinha*: "Como todos precisamos cozinhar em algum momento ou outro, por que não fazer o melhor uso possível desse tempo na cozinha?".

## A bruxa da sorte na cozinha

A bruxa da cozinha também é conhecida pelo uso de sua imagem como ícone ou amuleto. Independentemente do caminho espiritual seguido pela família, muitos lares têm uma bonequinha de bruxa, com frequência montada em uma vassoura, pendurada em algum lugar da cozinha. Dizem que esse pequeno talismã promove o sucesso no cozinhar e a boa sorte dos residentes e visitantes da cozinha. Talvez mais precisamente, diz-se que essas bonecas protegem contra o fracasso ou os desastres culinários. Segundo o folclore alemão, elas protegem contra massas que não crescem, leite talhado e bolos solados. As bonecas são feitas de diferentes materiais. Algumas são de palha; outras têm a cabeça feita de maçã desidratada; e outras são feitas de tecido. As histórias mais antigas desses ícones de cozinha vêm das tradições alemãs e escandinavas.

Existem outras narrativas sobre a bruxinha da cozinha. Como costume durante as colheitas, algumas comunidades britânicas e europeias amarravam o último feixe de trigo e o guardavam ao longo do inverno para ter boa sorte e proteção. Às vezes, o feixe era guarnecido com tecido, ou vestido e enfeitado. Outras comunidades moldavam o primeiro ou último caule cortado em diversos formatos de diferentes tamanhos, inclusive formas geométricas e de animais. E, para nossa confusão, também eram chamados de bonecas de milho, mesmo quando não tinham forma humana. Acredita-se que o termo *boneca*, em inglês (*dolly*), deriva da palavra *ídolo* (*idol*). Esses costumes vinham da crença de que o primeiro ou último caule de trigo cortado continha o espírito da plantação. Ao manter a boneca em um lugar de honra e em segurança ao longo do inverno, os fazendeiros estariam protegendo o sucesso das plantações do próximo ano. A boneca era enterrada nos campos durante o preparo do solo para a primavera; ou era queimada após a colheita como uma oferenda aos deuses. Às vezes, o feixe era chamado de rainha da colheita, mãe de milho ou donzela de milho — e existe uma grande variedade de maneiras de trançar os caules, de acordo com a tradição local. A arte, chamada de confecção de boneca de milho ou trançado de palha, ainda é praticada hoje. Belas formas e desenhos abstratos são criados, além de figuras e objetos religiosos.

Se quiser fazer sua própria bruxinha da cozinha, o Capítulo 10 explica em detalhes a maneira certa de confeccionar uma boneca de palha de milho. Uma das possibilidades é fazer uma a cada ano, depois de descartar a antiga, que pode ser queimada ou desmanchada e, em seguida, misturada na composteira ou no solo do jardim. É uma bela tradição que, no hemisfério norte, pode ser atrelada ao Dia de Ação de Graças ou a qualquer festival de colheita encontrado em diversos calendários religiosos. Também pode ser parte de um ritual de purificação, com o desmanche da antiga boneca simbolizando a limpeza da negatividade acumulada ou da energia estanque — e a introdução da nova energia simbolizando um novo começo.

# Seu lar como espaço sagrado

*Capítulo 2*

É importante lembrar que, na magia caseira, as áreas, ações e momentos que você considera sagrados não são distintos do mundo cotidiano; são parte importante desse universo e concedem sua sacralidade a todos os objetos e pessoas que interagem com eles. Em outras palavras, *somos abençoados quando interagimos com aquilo que consideramos sagrado.* Este é um dos preceitos mais importantes da espiritualidade caseira: ao cuidar do seu lar e ao mantê-lo saudável, você melhora a santidade do espaço enquanto ela o toca e o abençoa.

## O que significa ser sagrado?

O conceito central de espiritualidade no lar deixa claro que ele é sagrado. Mas o que significa *sagrado* de fato? *Sacer*, a raiz latina do termo, significa "santo". O *Oxford English Dictionary* define "*sagrado*" como "conectado a uma deidade e, por isso, merecedor de veneração; santo".[1]

---

[1] Segundo o *Dicionário Houaiss da Língua Portuguesa*, "*sagrado*" significa "relativo ou inerente a Deus, a uma divindade, à religião, ao culto ou aos ritos; sacro, santo".

Outro significado possível é "religioso, e não secular". Em termos mais simples, significa que, se alguma coisa é considerada sagrada, você reconhece que ela é tocada pelo reino dos deuses de algum jeito e, portanto, é digna de respeito ou honra. Em teoria, não pertence mais a este mundo: é separada dele e reverenciada ou homenageada por esse motivo. Perceba que "separada" não significa isolada e venerada. Ao contrário, significa honrar no contexto do mundo cotidiano.

O espaço sagrado, então, é um espaço onde você pode tocar o Divino, comunicar-se e interagir com ele ou ser influenciado de um jeito mais claro (ou percebido ou sentido com mais facilidade) do que em outros locais. Em geral, reconhecemos certos lugares como sagrados: locais de tragédias graves, como Auschwitz; locais de grande beleza; locais consagrados a uma religião específica, como a Catedral de Chartres ou o Taj Mahal; locais historicamente significativos, como aqueles onde tratados de paz foram assinados, batalhas foram travadas e pessoas importantes se encontraram; locais de homenagens, como cemitérios; e onde antigos costumes eram praticados, como Stonehenge. Parte do mistério do espaço sagrado é ele ser familiar e, apesar disso, conseguirmos sentir que há algo "além". Essa tensão é parte do que reconhecemos quando sentimos que um local ou objeto é sagrado.

Consagrar alguma coisa significa designá-la ritualmente como sagrada. Embora esse processo seja realizado em muitos caminhos espirituais alternativos — assim como em religiões formais —, ele não é muito frequente na magia caseira. Isso se deve ao reconhecimento de que existe um toque de sacralidade em todas as coisas, e a lareira é especialmente sagrada por sua função. Não há, portanto, nenhuma necessidade de consagrá-la com alguma formalidade.

# A sacralidade do lar

Você protege o seu lar; você o defende de intrusos indesejados, tanto os do plano físico quanto de outras formas. Você investe muito dinheiro nele, quer seja alugado ou próprio. Você o decora de um jeito que te acalma, anima ou reflete de algum jeito as suas preferências. Convidar alguém para a sua casa é uma grande concessão. De certa forma, significa "eu confio em você". Você confia que um convidado vai se comportar bem, ter consideração e apreciar o seu espaço pessoal.

## Respeitando o lar

A cultura japonesa demonstra o quanto respeita a sacralidade do lar através do costume de tirar os sapatos antes de entrar em uma residência. Isso demonstra respeito pelos anfitriões evitando estragar a cobertura do piso (normalmente chamado de *tatami* — uma palha entrelaçada que é facilmente estragada por sapatos —, além de não levar sujeira para dentro de casa. Simbolicamente, tirar os sapatos também representa deixar as preocupações e os problemas vividos do lado de fora.

Para delimitar o espaço entre o mundo exterior e a área particular da casa, existe uma entrada chamada de *genkan,* onde os calçados são tirados e armazenados em um armário que é dividido em uma série de cubos chamados de *getabako*. O *genkan* funciona como um divisor entre o espaço sagrado do lar privado e o mundo exterior descontrolado. O nível da moradia propriamente dita costuma ficar um degrau acima da entrada, e esse degrau funciona como outro tipo de divisor, exigindo que você dê fisicamente um passo para cima e para longe do mundo exterior e da área de transição. Existe toda uma etiqueta associada ao *genkan* e à maneira como os sapatos são tirados e armazenados, além da forma de entrar na casa. O Japão não é a única cultura a empregar esse costume. Partes da Coreia, da China, da Indochina e do Sudeste da Ásia também têm costumes que envolvem a remoção dos calçados antes de entrar em locais sagrados.

> *No Japão, os sapatos são tirados antes de se entrar em santuários, templos e alguns restaurantes. Muitas casas oferecem pantufas para os visitantes calçarem depois de tirarem os sapatos de andar na rua. Um par de pantufas diferente é usado no banheiro e não deve ser usado fora dele, demonstrando ainda mais como as diferentes energias da casa são mantidas o mais longe possível uma da outra.*

O costume de tirar o chapéu antes de entrar em uma casa também é associado ao respeito. Na cultura ocidental, os chapéus são tirados para demonstrar reverência por uma pessoa, um lugar ou uma ação, ou até para ilustrar o reconhecimento de uma posição mais humilde. Os chapéus são tirados pelos homens em igrejas cristãs com a intenção de demonstrar humildade diante de Deus; no entanto, algumas seitas exigem que as mulheres cubram a cabeça antes de entrar na igreja. Os chapéus normalmente são usados ao ar livre, e usá-los dentro de um ambiente fechado reflete má-educação, além de desrespeito pela santidade do local. Por outro lado, o judaísmo instrui seus seguidores a sempre cobrirem a cabeça em um templo, normalmente com uma espécie de boné sem aba chamado de *kippah* ou *yarmulke*.

## Espaços sagrados

A casa é apontada como espaço sagrado, separada do mundo exterior. Dentro dela existem outras áreas sagradas, e este livro vai se concentrar na lareira. Os espaços sagrados são reconhecidos pela nossa deferência e proteção a eles: são sagrados para nós. Alguns espaços são identificáveis por outras pessoas como sagrados: a coleção de retratos de família em uma prateleira, por exemplo, ou uma coleção de estátuas. Objetos sagrados têm uma certa aura; ao mesmo tempo que somos atraídos por eles, também entendemos, por instinto, que não devemos tocar nem interferir em nada ali. Essa aura pode se originar no item em si, que talvez tenha instigado você a comprá-lo, ou ser infundida nele quando você o designa como sagrado. A primeira opção pode vir das associações anteriores do item ou de suas origens.

Existem espaços sagrados quase universalmente reconhecidos e outros exclusivos para uma pessoa ou um pequeno grupo de indivíduos. Uma coisa pode muito bem ser sagrada apenas para você, e tudo bem. Um espaço ou objeto não tem de ser validado como sagrado por mais ninguém para que você possa considerá-lo poderoso. No entanto, se você não sentir a santidade de um local ou item considerado sagrado por alguém, o mais educado é sempre respeitar a noção de sacralidade da outra pessoa.

## A lareira sagrada

A lareira simboliza o espaço sagrado onde você pode ser você mesma, onde está segura, onde pode se abrir. A lareira é uma fonte, um local onde as pessoas podem se recarregar e buscar conforto em um nível básico. É um local onde você pode acessar a energia, a sabedoria e o poder com mais facilidade do que em qualquer outro lugar da sua casa — e de locais externos. É um lugar onde você pode explorar os pensamentos e sentimentos, um lugar de comunhão com a família e com o Divino, um lugar para onde você pode direcionar essa energia, sabedoria e poder para um bem maior em nível da família e comunidade. A lareira é um lugar de poder.

Quando as pessoas usam o termo *lareira,* em geral ele evoca a ideia bastante vaga de um símbolo no formato de algum tipo de lareira com fogo. Quem tem uma lareira ou conhece um pouco de história consegue identificar esse espaço. Como a palavra é fundamental para este livro, vamos parar um instante a fim de explorar as diversas definições do que é uma lareira.

A *lareira* normalmente é definida como o espaço de tijolos ou pedras na base de uma chaminé, onde se pode acender um fogo e cozinhar; a área forrada de pedra, tijolo, ladrilho ou outra proteção que se estende para o cômodo; a superfície plana e pavimentada sobre a qual se coloca um fogão (em especial um fogão de ferro que funciona com lenha); e o lar figurativo construído ao redor da lareira como centro simbólico.

*Um fato interessante para você: O termo foco (plural: foci) é uma palavra em latim que significa "lareira; fogo, chama; centro; ou ponto central". É adequado, então, que a lareira seja considerada o foco da espiritualidade caseira.*

Como extensão da lareira, o piso ao seu redor é um local natural para se reunir. Em tempos antigos, era ao redor da lareira que se faziam as tarefas — às vezes por necessidade, se o fogo fosse uma parte essencial da tarefa — para ter luz, calor ou conforto. Era um local social tanto quanto um local de trabalho. Fazer sopas, velas e tingimento exigiam calor e água quando feitos artesanalmente, por exemplo. Cuidar das crianças, idosos ou doentes também era feito perto do fogo para se ter luz e calor. A lareira ficava no centro da maioria das casas, tornando-a um lugar natural de reunião por motivos sociais e práticos. As lições e ensinamentos também aconteciam perto da lareira. Em resumo, a lareira sempre foi um espaço muito ativo da área da cozinha e da casa em geral.

## O fogo da lareira

O lar é reconhecido como sagrado, separado do mundo exterior. Dentro dele há outro espaço sagrado: o local do fogo central de um lar. A lareira funcionando como centro simbólico de um lar é um bom exemplo do conceito da lareira como fogo sagrado.

 O fogo é visto como sagrado em muitas culturas. Lembre-se que a definição de *sagrado* é uma coisa reconhecida como tocada pelo reino dos deuses de algum jeito e, portanto, digna de respeito e honra. Assim, o fogo da lareira como algo sagrado significa um lugar onde o mundo espiritual se entrelaça ao mundo cotidiano: um lugar ou objeto através do qual a comunicação pode acontecer.

Por que o fogo é considerado sagrado? O fogo é um símbolo de vitalidade, pois "vive", "come" e "respira". Quando queima, simboliza a faísca de vida que nos anima. O fogo é um dos quatro elementos físicos que os antigos reconheciam como blocos construtores do mundo. Por sua natureza, é mais reconhecido como vivo do que os outros três elementos: parece ser dono de uma mente própria, parece que pode comer, dormir e, por fim, morrer. A humanidade precisa respeitar tanto suas propriedades úteis quanto as destrutivas: o fogo destrói indiscriminadamente, com ira e fúria primal que podemos apenas tentar controlar; no entanto, essa destruição muitas vezes purifica com a intenção de preparar para a renovação e novas criações.

O fogo tem tido um papel importante nas religiões. O símbolo da chama eterna é um conceito comum em várias delas; ele também é usado para simbolizar a presença do Divino. No mito cristão, por exemplo, Deus se manifestou como um arbusto em chamas; a santidade da chama foi demonstrada pelo fato de que ela não consumia o arbusto como combustível. O fogo também é um meio pelo qual se fazem oferendas, além de ser um método divinatório.

O fogo é um símbolo de energia espiritual, assim como o Sol; e compartilha muitas características e energias com a luminosidade solar. Como símbolo espiritual, o fogo ilumina a escuridão pessoal, emocional e espiritual, e pode ser por isso que tantas religiões usam velas e chamas à base de óleo como parte de suas ferramentas e acessórios. As velas frequentemente são usadas para simbolizar todo tipo de energia, atividade, iluminação e fé, entre outras coisas.

# O papel do fogo da lareira no lar

Em tempos antigos, o fogo tinha um papel importante no lar. Era fonte de luz, calor e energia para o preparo de alimentos. Acendê-lo era uma tarefa demorada; por isso, à noite o fogo da lareira era cercado com cinzas para manter os carvões e as brasas vivos — de maneira a estar pronto e servir como base para o fogo do dia seguinte. O fogo da cozinha era tão fundamental para a vida cotidiana que permitir o seu apagamento acabava demonstrando despreparo por parte do responsável. Era, de certa forma, uma tarefa sagrada pensar adiante de maneira consciente e manter um suprimento básico de combustível para que a casa se conservasse em ordem e funcionando com tranquilidade. A ausência de um fogo, fosse por negligência ou outro motivo, significava a falta de calor, de um meio para preparar os alimentos que sustentavam a vida, de proteção e assim por diante.

*Na Irlanda, o único momento em que o fogo de uma residência era intencionalmente apagado era no Beltane, o festival que a espiritualidade moderna festeja no início de maio no hemisfério norte e no fim de outubro no hemisfério sul. Um fogo principal era aceso em Tara — o centro espiritual da Irlanda — pelo rei ou pelos druidas; e, a partir desse fogo, os fogos de todas as outras residências eram simbolicamente acesos. Essa prática demonstrava a unidade em todo o reino, além de reconhecer o poder espiritual do monarca ou dos druidas.*

O combustível para o fogo é tão importante quanto o fogo em si. O óleo, em especial, serve como combustível para muitas chamas espiritualmente simbólicas. O óleo era (e agora está voltando a ser) uma *commodity* preciosa. Geralmente extraído de matéria vegetal, era tão valioso que costumava ser usado como oferenda para deidades e doado para igrejas e templos. Você pode fazer um gesto semelhante oferecendo, regularmente, um dedal de óleo para os espíritos da sua lareira, de acordo com um cronograma definido por você. Nos Capítulos 3 e 6 você vai encontrar outras ideias para incorporar uma lamparina a óleo em suas práticas espirituais.

## Criando uma fogueira purificadora

O fogo sagrado também se manifestava na forma de fogueiras ao ar livre, às vezes chamadas de fogueiras purificadoras. A fogueira purificadora era um costume segundo o qual uma fogueira era acesa ao ar livre para um propósito espiritual específico. O propósito exato varia de cultura para cultura. Alguns desses fogos precisavam ser acesos pelo método de fricção (esfregar dois gravetos ou alguma variação disso); outros exigiam um número específico de pessoas para construí-lo, ou uma certa combinação de madeiras, ou ser aceso em determinado momento do dia. Com frequência, a fogueira ao ar livre tinha de ser o único fogo queimando dentro de uma determinada distância; se outra chama queimasse dentro dos limites especificados, o poder da fogueira purificadora seria ineficaz. Às vezes, essa fogueira ao ar livre servia como fonte a partir da qual todos os fogos apagados das casas eram acesos de novo; ou produzia uma fumaça para que o gado ou algum outro animal fosse conduzido através dela, em um ritual que os protegia de doenças. A prática de construir e acender uma fogueira purificadora ou fogueira ao ar livre reforça a crença popular na habilidade do fogo de purificar ou abençoar — uma extensão de sua santidade inata.

## Construindo uma fogueira purificadora no caldeirão

Nem todo mundo possui terreno ou combustível (ou consegue permissão) para fazer uma fogueira ao ar livre. Como a maioria das casas modernas não tem lareira e muitas cidades têm estatutos relacionados a acender fogueiras em quintais (supondo-se que você tenha um quintal), este é um jeito excelente de criar um fogo sagrado pequeno e com limite de tempo para se extinguir.

Certifique-se de que seu caldeirão seja forte o suficiente para suportar um calor intenso. Se o caldeirão — ou o vasilhame que você usa como caldeirão — não for feito de ferro fundido ou de um material que resista a um calor intenso, não o utilize para essa tarefa. O calor faz materiais como cerâmica ou vidro se estilhaçarem. Se tiver uma lareira, você pode colocar seu caldeirão nela enquanto queima a fogueira purificadora. Caso contrário, use um tripé ou apoio à prova de fogo, ou uma pedra plana, sob o caldeirão e certifique-se de que ele esteja apoiado com segurança. Nunca coloque o caldeirão sobre uma superfície de madeira ou tecido.

Embora o álcool isopropílico esteja especificado na lista de suprimentos a seguir, por ser barato e encontrado com facilidade, você pode usar qualquer álcool de alta porcentagem encontrado em lojas de bebidas — como etanol ou álcool de cereais — ou bebidas alcoólicas como vodca ou conhaque. São belas oferendas para uma deidade ou espírito. Lembre-se que quanto mais alta a porcentagem de álcool na bebida alcoólica, mais quente o fogo; portanto, faça um planejamento adequado. Verifique se o cômodo é bem arejado; embora esse fogo não gere gases tóxicos nem fumaça, ele fica muito, muito quente.

Você vai precisar de:

>    Sais de Epsom (sulfato de magnésio)
>    Álcool isopropílico
>    Mistura de ervas e resinas (de sua preferência)
>    Tripé ou apoio à prova de fogo, ou uma pedra plana refratária
>    Fósforo comprido
>    Saco grande de areia ou terra
>    Tampa para o caldeirão (tem de ser pesada)
>    Extintor de incêndio ($CO_2$ ou químico seco)

1. Separe medidas iguais de sais de Epsom e álcool. Coloque os sais no fundo do caldeirão e despeje o álcool sobre eles.
2. Derrame a mistura de ervas no caldeirão. Coloque-o sobre o tripé à prova de fogo ou pedra refratária.
3. Acenda o fósforo comprido e encoste-o na mistura. Ele vai gerar uma chama quase silenciosa, com as pontas superiores saltando sobre o caldeirão. O fogo vai queimar até o álcool ser consumido. Durante a queima — e mais ainda quando as chamas começarem a morrer —, você vai ouvir estalos minúsculos e chiados enquanto o sal reage ao calor e as ervas e resinas são consumidas pelas chamas.
4. Nem pense em acrescentar mais álcool no caldeirão enquanto as chamas estiverem queimando! Mantenha a proporção álcool/sal equilibrada até ter confiança na manipulação do fogo resultante; só então você poderá alterar as proporções. Nunca

derrame uma quantidade grande de álcool sobre os sais; as chamas resultantes podem chegar a mais de um metro de altura e provocar danos a você ou à sua casa. Procure agir com segurança e bom senso.
5. O fogo vai morrer em alguns minutos, mas mantenha a areia, a tampa e o extintor de incêndio próximos de você para o caso de precisar usá-los.

É impossível reforçar o suficiente o quanto essa atividade pode ser perigosa se você não tratá-la com respeito e cuidado. Existe um motivo para os três últimos itens estarem na lista de suprimentos: a tampa pesada é para aplacar as chamas se elas saírem do controle, e o saco de areia ou terra é para jogar em cima do fogo se você precisar apagá-lo de imediato. A sugestão do extintor de incêndio é mais um reforço. Não pule por cima desse fogo nem o deixe sem supervisão. Tome cuidado, também, com suas mangas e seu cabelo e, ainda, verifique se o caldeirão está longe de objetos inflamáveis, como cortinas e lençóis.

Os sais de Epsom absorvem um pouco do álcool e mantêm o fogo queimando de um jeito mais estável. As chamas vão consumir as ervas e as resinas que você acrescentou, fazendo com que essa fogueira seja um lindo jeito de fazer uma oferenda ou limpar um cômodo. Essa também é uma forma maravilhosa de decifrar o futuro (em inglês, *scrying* é um tipo de leitura feita quando se observa algo fixamente) ou meditar observando as chamas. O fogo morre em alguns minutos, dependendo de quanto álcool tenha sido despejado no caldeirão.

*Observação:* Em vez de acrescentar as ervas diretamente ao sal, você pode infundir as ervas ou flores selecionadas no álcool que pretende usar. Faça uma infusão durante pelo menos duas semanas, depois coe e envaze o álcool. Rotule o frasco com clareza e não o utilize para nenhum outro propósito.

# Abafando/cercando seu fogo

*Abafar* o fogo é um termo encontrado com frequência nas orações celtas, e significa cercar o fogo com cinzas. Nos tempos modernos, até mesmo a frase "cercar um fogo" pode ser misteriosa. Pelo contexto em que normalmente é encontrada, pode-se inferir que é algum processo feito a fim de preservar o fogo de um jeito que possa ser revivido na manhã seguinte. E é simples assim. Cercar um fogo significa construir uma parede protetora de cinzas ou pedras ao redor dos carvões para impedi-los de se espalhar de maneira perigosa enquanto você dorme, e para deixar o fogo protegido contra qualquer vento e perturbação. Ao proteger os carvões dessa forma, eles podem ser usados como base para fazer uma nova fogueira no dia seguinte. Se o fogo for ao ar livre e você quiser usá-lo por mais de um dia, planeje acendê-lo perto de uma parede de pedra ou terra para, assim, ajudar a protegê-lo. Um círculo ou buraco para fogueira em um acampamento costuma ser projetado assim.

A palavra *bank,* em inglês, quando usada como verbo, significa "fazer uma pilha ou formar uma elevação", e é exatamente isso que se faz para cercar uma fogueira. Você não cobre totalmente os carvões nem as brasas; isso os abafaria por completo e teria o efeito contrário ao que você pretende. Junte os carvões e as brasas, depois reúna as cinzas ao seu redor, isolando-os. Se precisar de mais isolamento, use pedras. Se for possível, ao cercar o fogo em uma lareira, feche o duto e as portas.

Como a maioria das pessoas usa eletricidade para gerar luz e calor, abafar o fogo é uma habilidade e uma prática que, em geral, caíram em desuso. No entanto, em um contexto espiritual, a técnica oferece uma oportunidade para você se recolher em si mesma de novo, por assim dizer, e para atrair sua energia de volta — recolhendo-a de todas as diferentes direções em que o dia a espalhou. Em essência, é uma chance de reconexão pessoal com o eu interior. Você pode pensar nisso como sendo um momento dedicado a cercar sua chama pessoal, se quiser, cuidando para que fique protegida durante a noite e pronta para ser usada no dia seguinte.

## Cerque sua chama interior

Faça isso depois de terminar a limpeza e pouco antes de ir para a cama. Você pode experimentar a técnica antes ou depois de se preparar para dormir; um desses jeitos pode ser mais útil para você e proporcionar um efeito melhor. O objetivo é avaliar o dia sem julgamento. Você pode fazer isso na cozinha ou em qualquer outro lugar da sua casa. Se o tempo estiver bom, é possível tentar do lado de fora, no alpendre ou nos degraus dos fundos.

1. Fique de pé ou sente-se com o corpo relaxado. Se conhecer algum exercício de relaxamento, faça-o para se livrar do excesso de estresse e tensão no corpo.

2. Pense em como se sentiu quando acordou, depois repasse mentalmente suas atividades do dia. Anote como elas fizeram você se sentir: feliz, irritada, frustrada, triste ou em paz. Lembre-se que essa retrospectiva não é feita com a intenção de julgar como você se comportou; apenas aceitar o dia como foi e você mesma como é. Não precisa ser um passo demorado; não é necessário que você pense nos detalhes de cada acontecimento. Evoque-os apenas como impressões.

3. Quando terminar de refletir sobre o dia, feche os olhos e respire fundo e devagar três vezes. Ao expirar cada respiração, permita que os medos ou irritações ligados ao dia saiam de você.

4. Sinta-se aqui, agora, neste momento, e aceite a si mesma. Se quiser, nessa hora você pode fazer uma breve prece ou afirmar uma frase simples, como *Eu aceito a mim mesma. Vigiem-me enquanto durmo, espíritos da lareira, e protejam meus amados e o nosso lar. Desejo-lhes uma boa noite.*

5. Como gesto final, faça algo físico que simbolize o fim do dia. Você pode apagar a luz (seja a luz da cozinha ou de onde você estiver) ou fechar a porta, se você estava do lado de fora ou na entrada. Se você estava sentado com uma vela, usando a chama como foco meditativo e calmante, apague a vela soprando-a, "pinçando" o pavio entre os dedos ou usando um abafador de velas.

Se desejar, você pode fazer uma prece em vez de afirmar a frase anterior. Pode ser que você já tenha uma oração que se encaixe no propósito ou você pode querer escrever uma nova. Fazer uma prece que te ofereça uma oportunidade de se conectar com o Divino ou com os espíritos da sua lareira tem o poder de afirmar sua conexão com eles.

Esta é a tradicional prece de abafar o fogo usada nas Terras Altas da Escócia, conforme compilada por Alexander Carmichael no *Carmina Gadelica*. Ela fala de Mary e Brigid (invocada aqui como Bride, uma versão escocesa do nome) como deidades da vida doméstica que abençoam a casa e seus habitantes. Se preferir, você pode substituir por outros nomes de deidades ou apenas usar o termo "o Divino" para englobar seu conceito de Deus. A oração original é a seguinte:

> *Vou abafar a lareira*
> *Como Mary faria;*
> *O círculo de Bride e de Mary;*
> *No fogo e no chão,*
> *E em toda a casa.*
> *Quem está no gramado lá fora?*
> *A bela Mary e seu Filho,*
> *A boca do Deus ordenado, o anjo de Deus manifesto;*
> *Anjos de promessa vigiando a lareira*
> *Até que o dia branco chegue ao fogo.*

# Sua lareira espiritual

*Capítulo 3*

A magia de lareira reconhece que o lar é um lugar sagrado — um lugar que tem o poder de renovar, relaxar e rejuvenescer. Mas com que precisão você consegue acessar esse poder de maneira intencional? Este capítulo explora métodos que você pode usar a fim de localizar, abençoar e trabalhar com a lareira espiritual na sua casa e em si mesma.

## Localizando sua lareira espiritual

A lareira espiritual representa um refúgio do mundo exterior, além de um lugar sagrado designado para maximizar o benefício espiritual. Estabelecer com verdadeira intenção um local de beleza, serenidade e calma pode ser um desafio. Para começar, você vai ter de solucionar as limitações físicas ou obstáculos da construção onde mora. Também vai ter de lidar com o seu orçamento e com as necessidades e preferências das outras pessoas que moram na sua casa.

Extrair o máximo proveito do que você tem faz parte do aspecto prático da magia de lareira. E isso é um dos principais motivos pelos quais a lareira espiritual gira em torno da energia e atmosfera da casa — sendo que ambas podem ser cultivadas por comportamentos, atitudes e resultados positivos, em vez de modificações físicas ou novas decorações. Embora estas últimas possam melhorar a sua casa e o efeito que você está tentando alcançar, é importante lembrar que a lareira espiritual funciona em nível de energia e de benefícios espirituais.

A lareira espiritual é o coração simbólico da sua casa. Embora a cozinha pareça ser o paralelo moderno lógico da lareira física, ela não precisa necessariamente ser a lareira espiritual da sua casa. Muitas pessoas precisam conviver com cozinhas mal projetadas, como se o arquiteto tivesse mudado os planos no meio da obra. Uma cozinha apertada ou não acolhedora definitivamente não é o coração simbólico da sua casa. Se esse for o seu caso, pense em como os espaços são usados e onde as pessoas parecem gostar de ficar; isso será uma ajuda para determinar onde fica o coração simbólico da casa. Talvez todo mundo faça diferentes atividades na sala de estar, na sala de jantar ou em uma sala íntima. Talvez a curva de uma escadaria com uma janela para o jardim seja o local onde as pessoas param. Ou talvez o centro espiritual da sua casa seja onde você consegue sentir o restante dela ao seu redor, mesmo que o centro físico esteja em um corredor ou em um local inusitado.

Se você não conseguir apontar o coração da sua casa e não quiser designar a cozinha como lareira simbólica, escolha conscientemente outra área. Se tiver uma lareira, ela será uma excelente representação física da lareira espiritual, desde que esteja em um cômodo usado com frequência. Não faz sentido estabelecer uma lareira simbólica em uma lareira sem uso localizada em um cômodo que as pessoas nem mesmo frequentam.

## Abençoando a lareira

Depois de determinar ou escolher o coração da sua casa e designá-lo como local físico para representar a lareira espiritual, você pode fazer uma purificação e bênção (veja o Capítulo 7) ou o ritual, descrito no fim deste capítulo, para reconhecer a sacralidade da lareira.

    A representação física da lareira espiritual pode ser usada como um local para concentrar sua atividade espiritual. Você pode querer criar um altar ou um santuário ali ou usá-lo como local para meditar ou rezar. Pode querer ficar lá quando desejar absorver força ou energia do local. Pode preferir designá-la de um jeito diferente, como pendurar uma obra de arte específica ou instalar uma pequena prateleira com uma lamparina a óleo ou qualquer outro método que considere adequado para você e sua casa. Você pode usá-lo como o local para começar suas tarefas de limpeza ou arrumação. (Para mais informações sobre altares e santuários, consulte o Capítulo 6.)

### Ritual para reconhecer a sacralidade da lareira

Como mencionado antes, não há necessidade de consagrar a lareira porque ela já é sagrada por natureza. No entanto, muitas pessoas gostam de realizar algum tipo de ritual para reconhecer formalmente a santidade existente, e por isso este ritual foi incluído. Ele pode ser realizado com a regularidade que você desejar ou quando sentir que a área da sua lareira focal está carregada com outras energias que podem não ser tão negativas, mas que obstruem sua conexão pessoal com o local. Como a lareira é sua fonte de poder e energia, manter uma conexão clara com ela também significa que a energia que flui dali se movimenta com mais liberdade.

Os itens necessários são representações dos quatro elementos. Você não precisa de uma grande quantidade de cada item; a medida de uma colher de chá é o suficiente. Você pode organizar os itens em tigelas à sua frente no chão ou sobre uma mesa próxima. Elas devem estar ao alcance da mão para você não precisar sair do lugar. A vela pode ser de qualquer tipo — uma vela de emergência, de aniversário ou *réchaud* fincada em uma bolinha de massa ou até em um pedaço de papel alumínio amassado. Escolha uma cor que represente o conceito de lareira e lar para você. As ervas e temperos misturados podem vir da sua prateleira de temperos — uma pitada de pelo menos dois diferentes, mas você pode utilizar quantos quiser.

Embora as instruções recomendem ficar de pé, você pode se ajoelhar diante da lareira, se dessa forma o ritual for conduzido com mais conforto.

Você vai precisar de:

> Tigela pequena de sal
> Tigela pequena de água
> Tigela pequena de ervas e temperos misturados
> Fósforos
> Vela no castiçal (cor da sua preferência)
> Pires refratário
> Tigela pequena com azeite ou outro óleo vegetal

1. Fique de pé diante da lareira. Feche os olhos e faça três respirações profundas e purificadoras, inspirando e expirando devagar, com a intenção de acalmar o corpo e a mente. Esteja presente.
2. Abra os olhos e estenda as mãos para a lareira. Diga:

    *Coração da minha casa,*
    *Eu o reconheço.*
    *Meu espírito sente seu calor.*
    *Minha alma sente sua sabedoria.*
    *Lareira sagrada, eu a reconheço.*

3. Curve-se diante da lareira.

4. Pressione os dedos contra o sal na tigela e diga: *Lareira sagrada, a terra da minha casa reconhece a sua sacralidade.* Movimente os dedos, espalhando os grãos de sal grudados neles pela área da lareira.

5. Mergulhe os dedos na água e diga: *Lareira sagrada, a água da minha casa reconhece a sua sacralidade.* Movimente os dedos para que as gotas de água se espalhem pela área da lareira.

6. Afunde os dedos na tigela de temperos e mexa-os para que o aroma seja liberado; depois diga: *Lareira sagrada, o ar da minha casa reconhece a sua sacralidade.* Passe a mão sobre a tigela, movendo o ar e perfumando a área da lareira.

7. Risque um fósforo e acenda a vela. Apague o fósforo e deixe-o no pires refratário. Pegue a vela e segure-a em direção à lareira, dizendo: *Lareira sagrada, o fogo da minha casa reconhece a sua sacralidade.*

8. Coloque a vela na própria lareira, dizendo: *Lareira Sagrada, eu honro o fogo sagrado que arde dentro de você. Agradeço pela sabedoria, pelo conhecimento e pelo poder que você traz para esta casa. Que sua chama sagrada queime para sempre, e que minha casa seja sempre abençoada por ela.*

9. Mergulhe um dedo no óleo, dizendo: *Lareira sagrada, com este óleo eu a considero um símbolo do nosso reconhecimento da sua sacralidade e da nossa gratidão pelos diversos dons e bênçãos.* Toque na lareira com o dedo úmido de óleo. Como sua lareira pode ser de fato um espaço simbólico, não espalhe muito óleo; um leve toque será suficiente.

10. Curve-se diante da lareira pela última vez. Se você permanecer no cômodo, deixe a vela queimando; caso contrário, apague-a.

# Sua lareira espiritual imaginada

Uma das coisas que você pode fazer para desenvolver ainda mais a percepção da sua lareira espiritual é criar uma na sua imaginação. Essa versão imaginada de maneira alguma substitui ou suplanta a localização da lareira espiritual na sua casa. Em vez disso, pense nela como sua versão idealizada da lareira espiritual, um lugar que você pode visitar na sua mente enquanto medita ou permite que seus pensamentos vaguem. Uma paisagem imaginária como essa oferece acesso ilimitado a outra representação da sua lareira espiritual, que você pode levar para qualquer lugar. Também é um local onde você pode realizar atividades com as quais não pode necessariamente se envolver no mundo cotidiano por qualquer motivo (falta de espaço, falta de privacidade, capacidade física limitada e assim por diante). Pense nele como sua lareira espiritual virtual, ligada tanto à representação física da sua lareira espiritual quanto ao coração espiritual da sua casa. A lareira espiritual imaginada pode ser um reflexo mental do lugar físico real que você montou ou pode ser uma lareira espiritual idealizada.

Para criar sua lareira imaginada:

1. Sente-se no coração espiritual da sua casa, diante da representação física que você criou ou escolheu.
2. Acenda uma vela ou lamparina a óleo para representar a chama sagrada de luz e amor que arde no coração da lareira espiritual.
3. Relaxe o corpo e feche os olhos, respirando profunda e lentamente. Visualize uma chama, como aquela que você acendeu. Agora, aos poucos, expanda sua visualização para ver em que tipo de superfície a chama está pousada. Como é a luz? Como é o cômodo ou a área ao redor da chama? Olhe para as paredes (se houver), para o chão, para o teto ou para o céu. Essas coisas tendem a aparecer desse jeito por um motivo, normalmente criadas pela sua mente subconsciente. Você pode mudá-las como desejar, mas pense no motivo para elas terem aparecido na sua imaginação com essas formas.

Você é livre para projetar sua lareira espiritual virtual como desejar, mas simplifique. Lembre-se que você está criando um espaço onde deseja se sentir segura, relaxada, serena e ainda mais conectada com a sua casa. O espaço que você visualizar pode não ser muito diferente da representação física que você criou para a sua lareira espiritual, e não há problema algum que seja assim.

Quando terminar, reserve um tempo para escrever ou desenhar a aparência da sua lareira espiritual imaginada. Inclua essas anotações e esboços no seu diário da cozinha (veja o Capítulo 8). Se quiser, você ainda pode realizar uma versão do ritual anterior para reconhecer a sacralidade da lareira imaginada. Para isso, basta visualizar a realização dele na sua lareira espiritual virtual.

## Acessando a energia da sua lareira espiritual

Um dos motivos para criar e manter uma lareira espiritual é o poder e a energia que ela proporciona à casa. É uma relação simbiótica: a casa cria a energia que alimenta a lareira espiritual, que por sua vez nutre e concede energia para a casa.

Em teoria, você está sempre conectada à sua lareira espiritual, mas às vezes pode ser difícil sentir a conexão — ainda mais quando estiver cansada ou estressada. Quando precisar de energia para se reabastecer ou sustentar, você tem duas opções: pode recorrer à sua lareira espiritual ou à energia da terra. A última é uma técnica chamada de aterramento.

Para acessar a energia da terra, imagine sua energia pessoal estendendo um feixe de consciência para baixo através da água, através da terra sob o edifício, até chegar ao centro do planeta. Sinta o quanto você está enraizada, o quanto está conectada ao mundo e à energia dele.

Você também pode usar essa técnica para acessar a energia da sua lareira espiritual. Visualize um feixe da sua consciência se estendendo até a sua lareira espiritual, onde quer que você sinta que ela esteja. Você pode visualizar a localização física que designou dentro da sua casa como lareira espiritual ou um santuário que você construiu (veja o Capítulo 6), ou pode buscar a sensação que a energia da sua lareira espiritual promove. Por meio desse feixe, absorva a energia da sua lareira espiritual. Quando terminar, recolha o feixe para o seu centro de energia.

Se não estiver familiarizada com o aterramento ou se desejar uma técnica mais estruturada, aqui está um jeito mais detalhado para acessar a energia da sua lareira espiritual.

1. Visualize a representação física da sua lareira espiritual ou virtual. Imagine-se de pé diante dela.
2. Visualize uma chama queimando sobre ela — uma vela, uma lamparina a óleo, uma fogueira purificadora ou alguma outra forma. Essa chama representa o poder espiritual da sua lareira — a energia que você e sua família colocaram nela, além da energia que ela produz por conta própria.
3. Estenda as mãos para ela. Imagine suas mãos sentindo o calor da chama. O calor é uma forma dessa energia espiritual.
4. Atraia esse calor para as mãos e sinta-o fluir pelos braços e pelo corpo. Deixe que ele preencha seu coração e seu espírito. Absorva a quantidade de que precisa.
5. Quando se sentir energizada, equilibrada, relaxada ou como desejar que a lareira espiritual a faça sentir-se, afaste as mãos da chama e junte as palmas. Isso fecha a conexão de energia que você estabeleceu com a chama e evita que você absorva energia demais.
6. Agradeça à lareira espiritual com suas próprias palavras e permita que a visualização desapareça. Abra os olhos e respire fundo e devagar algumas vezes. Certifique-se de estar totalmente de volta ao momento presente. Se desejar, faça um alongamento suave.

*Se preferir uma visualização alternativa: em vez de sentir o calor da chama, visualize-se absorvendo a luz que a chama emite e absorva a energia dessa forma.*

Você também pode canalizar essa energia para objetos ou espaços conforme for necessário. Visualize uma das mãos absorvendo a energia da lareira espiritual e estenda a outra mão em direção ao objeto ou área que deseja preencher ou empoderar com a energia da lareira espiritual. Esse alvo ou meta pode estar fisicamente localizado no mundo real com você ou em outro lugar, ou pode ser algo intangível, como uma situação. Com esse método, você atua como um canal: a energia da lareira passa por você e chega ao alvo.

## Energia do caldeirão e da água na lareira espiritual

Normalmente, a energia da lareira espiritual é mencionada em termos de luz e calor. Esse é um resultado direto da conexão primária entre a lareira e o fogo sagrado. No entanto, se trabalhar com a energia do fogo for desconfortável para você, substitua a visualização da chama por um caldeirão de água fria impregnado de cura, conforto e serenidade. Por exemplo, na visualização anterior, você pode imaginar-se mergulhando as mãos no caldeirão de água com a intenção de atrair o frescor da energia; ou, ainda, apenas colocar as mãos em concha ao redor do caldeirão frio e, dessa forma, absorver a energia. (O caldeirão como símbolo é explorado no Capítulo 4.) Experimente ambas as visualizações — do fogo e do caldeirão —, saiba como a sua energia pessoal reage a cada símbolo e tipo de energia, e use-os em diferentes situações.

# Envolvendo seus ancestrais

A família é uma das maiores conexões que você possui com a vida. Os familiares são uma fonte de força, algo para proteger e cuidar. Vivos ou mortos, eles contribuem para a energia da casa. Reconhecer a contribuição dos ancestrais, sejam biológicos ou espirituais, é um jeito de homenageá-los no mundo em que você vive — e também manter a continuidade da tradição. Expressar a gratidão e o respeito que você tem por eles é uma forma de tocar aquele espaço sagrado simbolizado pela lareira.

Há muita energia emocional ligada às tarefas domésticas, sobretudo ao preparo dos pratos preferidos da família. Conteste a forma como alguém prepara um prato considerado especialidade da família, e possivelmente enfrentará uma defesa agressiva ou até mesmo um ataque direto. A pessoa vai defender os próprios métodos e, por extensão, os membros da família com quem aprendeu esses métodos. "Minha mãe sempre fez assim" é algo que talvez você costume dizer na cozinha — seja fazendo molho, enrolando nhoque, acrescentando uma pitada de um ingrediente secreto a uma sopa ou ensopado, varrendo o chão depois de derramar sal ou deixando de molho os guardanapos de linho após o uso. Você absorve muita tradição na cozinha apenas pelo fato de estar exposta ao modo como outra pessoa realiza tarefas e, ao reproduzir essas técnicas, você estará mantendo uma espécie de tradição.

*Muitas culturas honram ou cultuam seus ancestrais. "Quando beber água, pense na fonte" é um ditado chinês que ilustra o impacto e a presença que os ancestrais podem ter sobre a sua vida e prática espiritual. O ditado sugere que, ao reconhecer seus ancestrais, você não está sozinha — pois eles são sua âncora no mundo. Você deve aquilo que é e a sua bagagem de vida àqueles que vieram antes de você.*

Os ancestrais sempre fazem parte da energia da lareira espiritual. Eles estão ligados ao conceito de lareira e de lar, tanto como família quanto como guias energéticos. Assim como a própria lareira, seus ancestrais são uma fonte de inspiração, energia e apoio, um lugar de segurança e renovação para você e sua família atual.

Não existe uma regra rígida que determine a forma correta para envolver os ancestrais na sua prática espiritual. O simples fato de se lembrar dos familiares vincula a energia deles à sua casa e à sua vida. Honrá-los de maneira ativa com o uso de palavras ou ações entrelaça ainda mais a energia deles na fonte de energia mantida pela sua lareira espiritual. Pode ser suficiente você apenas saber e compreender que eles tiveram um efeito sobre você e sobre quem você é hoje. Se desejar honrá-los de um jeito mais estruturado, experimente criar um santuário para os seus ancestrais. Não precisa ser complicado; pode ser tão simples quanto exibir a fotografia de um parente que significou muito para você perto do coração espiritual da sua casa — ou um item que pertenceu a essa pessoa, ou um pequeno conjunto de objetos que você associa aos seus ancestrais. Mas eles são se limitam apenas a parentes biológicos. Os ancestrais espirituais são pessoas que, de algum jeito, moldaram sua perspectiva ou seu modo de vida e a quem você deseja, de alguma forma, homenagear ou lembrar. Ao evocar a energia da sua lareira espiritual, você também pode apelar mentalmente aos ancestrais ou falar em voz alta e pedir seu apoio e sua bênção.

Veja aqui um exemplo de prece aos ancestrais para pedir orientação ou agradecer:

> *Ancestrais, agradeço por estarem aqui*
> *   comigo e com a minha família.*
> *Guiem-nos diariamente e ajudem-nos a fazer as escolhas certas.*
> *Sejam nossa força e nosso conforto,*
> *E ajudem a proteger esta casa.*
> *Obrigado por suas vidas e suas realizações.*
> *Ancestrais, nós agradecemos.*

Nesse ponto você pode fazer-lhes uma oferenda. Trata-se de um sinal de respeito, não necessariamente um sinal de adoração, e pode ser qualquer coisa adequada. Em muitos caminhos neopagãos, honrar os ancestrais envolve oferecer uma pequena porção de alguma coisa que um ancestral específico desfrutava em vida; porém, se estiver chamando seus ancestrais em geral, o ideal é algo como um pequeno dedal de chá, vinho ou da refeição que estiver preparando.

Se você não souber muitas coisas sobre seus ancestrais, tente perguntar a parentes vivos a respeito dos pais ou avós deles. Talvez eles conheçam histórias que possam fornecer pistas sobre a personalidade ou os feitos de um ancestral. A pesquisa genealógica é outro caminho que você pode desejar seguir se a ideia da energia ancestral for especialmente interessante para você. Descubra o máximo que puder sobre seus ancestrais, tanto biológicos quanto espirituais. Deixe que eles sejam sua fonte de inspiração.

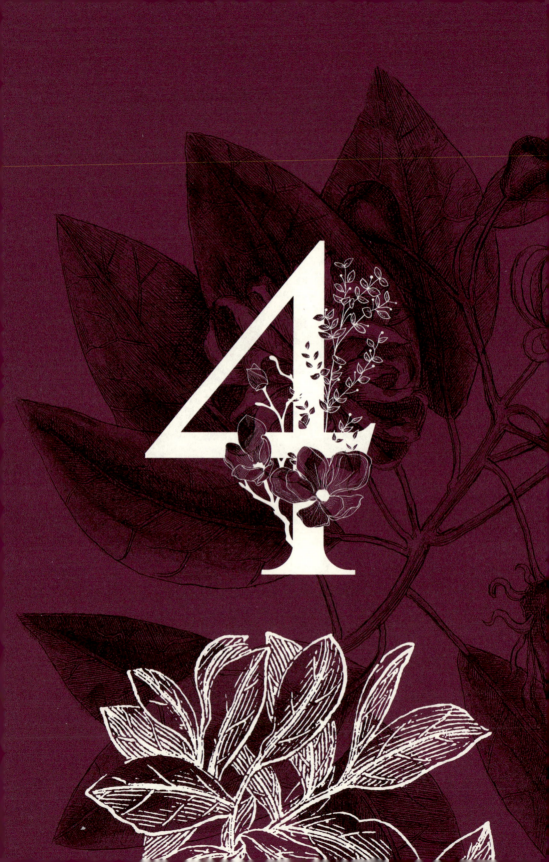

# A magia do caldeirão

*Capítulo 4*

O caldeirão é um símbolo encontrado em muitas culturas e lendas populares. Intimamente associado à lareira, o caldeirão, junto do fogo sagrado, funciona como um símbolo central na prática da magia de lareira e é uma forte imagem na espiritualidade da bruxa caseira.

## O que é um caldeirão?

A origem da palavra *caldeirão* vem do latim *caldarium*, que significa "banho quente", ou de *caldaria*, "panela". E o caldeirão é, em essência, uma grande panela de metal usada para cozinhar em fogo aberto. O caldeirão era (e ainda é, em muitos países) um recipiente essencial para cozinhar na lareira. Por isso, foi um objeto muito utilizado ao longo dos tempos.

Muitas vezes era colocado sobre um tripé ou fabricado com pés para ser colocado sobre as brasas ou perto delas, dependendo do que precisava ser cozido. Em geral, havia também uma alça curva para pendurá-lo em um gancho sobre o fogo na lareira.

*Assim como os poços, os caldeirões são conexões com o Outro Mundo, um lugar de misticismo, um lugar dos mortos, um lugar de iluminação e, também, um reino divinal — de onde vem a inspiração e a cura Divina. O caldeirão também pode ser visto como um símbolo de iniciação, no qual a morte e o renascimento simbólicos são vivenciados. O caldeirão costuma ser considerado um símbolo feminino, assim como a maioria das xícaras e pratos em formato de tigela. Ele também é associado ao elemento água.*

Em sua forma mais básica, o caldeirão é associado à magia cotidiana da culinária, à combinação de ingredientes e à aplicação de calor para criar algo novo, que seja nutritivo, terapêutico ou ofereça algum tipo de apoio. Como resultado do uso físico prático, o caldeirão tornou-se um símbolo de abundância, origem, calor, nutrição e transformação.

A transformação e a transmutação são dois dos temas mais comuns associados ao caldeirão no mito e na história. Transformar é iniciar ou submeter-se a uma mudança de formato ou aparência. Transmutar, entretanto, é mudar de substância, e é um termo usado com frequência em química ou alquimia para descrever a transformação de um elemento em outro. Um caldeirão não apenas altera visivelmente uma coisa externa (transformação); ele também a altera em um nível muito básico, mudando sua natureza (transmutação).

De maneira simbólica, o caldeirão oferece a oportunidade de explorar seu eu interior, o poço profundo e escuro da sua natureza emocional. Ele pode simbolizar o repositório de sabedoria interior e conhecimento oculto. Assim como as associações ao elemento água na tradição oculta ocidental, ele pode representar o mundo do inconsciente, a origem dos sonhos, a intuição e a cura.

O caldeirão, às vezes, é associado ao Mundo Inferior, sobretudo na iconologia e crença clássicas greco-romanas (o caldeirão sugere o formato de uma caverna, que era um lugar frequentemente sagrado para deusas ctônicas), e também ao Outro Mundo, muitas vezes alcançado por meio de um corpo d'água, de acordo com vários mitos culturais.

# Caldeirões na mitologia

Os caldeirões aparecem muito na mitologia, em especial na celta. Ao ler sobre os mitos a seguir, repare que o caldeirão pode ser visto como um lugar contido e controlado para transformação. Como objeto ritualístico, o caldeirão serve de foco para energias transformadoras. Ele pode representar a origem ou o destino. Pode simbolizar sabedoria, mudança, descida para o desconhecido ou renascimento. É um símbolo maravilhosamente adaptável.

É muito interessante observar que o caldeirão dispensa sabedoria e nutrição nesses contos mitológicos. O paralelo entre os dois sugere que a sabedoria nutre o espírito, enquanto o alimento nutre o corpo; um equilíbrio é criado. Da mesma forma, o espírito deve ser nutrido pela inspiração e pela sabedoria, assim como o corpo é nutrido pelo alimento.

As características de cada caldeirão mitológico tendem a ser sintetizadas em virtude do símbolo raiz comum a todos e, portanto, é possível encontrar referências a caldeirões que curam, alimentam e oferecem conhecimento, tudo em um só. Aqui estão alguns dos caldeirões mais famosos e suas histórias.

## O caldeirão de Cerridwen

Cerridwen é a deusa galesa dos grãos e da profecia, em geral é representada como uma anciã negra. O caldeirão que ela guarda é o caldeirão da inspiração do Outro Mundo e do conhecimento Divino. A aparição mais famosa desse caldeirão é na história do nascimento de Taliesin, um dos poetas mais famosos da nação celta. Cerridwen pediu ao menino Gwion Bach para que ele mexesse durante um ano e um dia uma poção que ela estava preparando no caldeirão, com a intenção de que ela concedesse o conhecimento de todas as coisas passadas, presentes e futuras a seu próprio filho. No último dia, três gotas quentes respingaram do caldeirão no polegar de Gwion Bach, e ele instintivamente o levou à boca para resfriá-lo. Com esse ato, o poder da poção foi transferido para ele, inutilizando o restante. Com a aquisição desse conhecimento, Gwion Bach sabia que Cerridwen iria atrás dele para puni-lo; e ele fugiu, transformando-se primeiro em uma lebre, depois em um peixe e, por fim, para se esconder dela, transformou-se em um grão de trigo. Cerridwen de fato o perseguiu, mudando de formato para caçá-lo melhor, primeiro como um galgo, depois uma lontra e, em seguida, uma galinha — engolindo o grão de trigo em triunfo. Em vez de consumir Gwion, no entanto, Cerridwen descobriu que estava grávida e pariu Gwion de novo. Ela o costurou em uma bolsa de couro e o jogou no mar, onde foi encontrado por um pescador que o nomeou Taliesin por causa de sua testa branca.

## O caldeirão de Dagda

O Dagda é uma figura paterna e deus da fertilidade dos irlandeses Tuatha De Danaan. Seu caldeirão era conhecido como Undry (ou Coire Anseasc) e tinha o poder de produzir fartura e abundância alimentícia, capaz de alimentar um exército sem se exaurir. Uma frase pertinente que muitas vezes é associada ao caldeirão do Dagda é "Ninguém jamais se afastou dele com fome", um conceito importante quando considerado no contexto da lareira e da hospitalidade. Em algumas versões do mito de Dagda, o caldeirão só produz comida na proporção do mérito de um homem. Algumas fontes também atribuem o poder de cura ao caldeirão de Dagda.

Também fundamental para os preceitos da hospitalidade, o caldeirão de Dagda é considerado o local de descanso da ardente Lança de Lugh, um dos quatro tesouros dos Tuatha De Danaan. Esse paralelo demonstra a natureza pacificadora e calmante do caldeirão que contém a lança perigosa e guerreira.

## O caldeirão de Medeia

A mitologia grega nos conta que Medeia era uma feiticeira. Quando Jasão foi para Cólquida em sua busca pelo Velocino de Ouro, Medeia, filha do Rei Aeetes de Cólquida, que guardava o velocino, apaixonou-se por ele e prometeu ajudá-lo em troca de sua promessa de se casar com ela e levá-la consigo quando fosse embora. Jasão concordou e, com a ajuda de Medeia, superou cada um dos desafios. Depois de outros embates, eles chegaram a Iolco, cidade governada por Pélias, o tio usurpador de Jasão. Medeia causou a morte de Pélias dizendo às filhas dele que poderia reviver e rejuvenescer pessoas desmembrando-as e mergulhando-as em seu caldeirão. Ela demonstrou isso desmembrando uma velha cabra ou ovelha e jogando os pedaços no caldeirão, que continha ervas e uma poção mágica. Um cabrito ou cordeiro jovem saltou vivo de dentro do caldeirão. As filhas concordaram em fazer o mesmo pelo pai, mas Medeia preparou o caldeirão de maneira diferente, enchendo-o com água e apenas algumas ervas simples. Quando as filhas desmembraram Pélias e jogaram os pedaços no caldeirão, sem a mistura de ervas e outros preparos que Medeia havia feito na demonstração anterior, o plano falhou, e Pélias morreu.

Medeia também usou seu caldeirão a pedido de Jasão para rejuvenescer seu pai Esão. Entre outras atividades ritualísticas, ela combinava ervas, flores, sementes, pedras, areia, geada e partes de animais conhecidos por seu vigor e vida longa. Quando o ramo de oliveira com que ela mexia a poção brotou folhas e frutos, Medeia soube que a poção estava pronta. Ela cortou a garganta do velho e deixou todo o sangue escorrer, depois derramou a poção na boca do homem e no ferimento da garganta. Ele rejuvenesceu 40 anos.

Medeia era neta de Hélio, o deus do sol, e também sobrinha da feiticeira Circe. E, talvez o mais importante, ela era uma sacerdotisa de Hécate, deusa do Submundo, e foi principalmente dela que obteve seu poder. O caldeirão é um elemento fundamental da magia de rejuvenescimento de Medeia, o que sugere que ele pertença à tradição dos caldeirões que restauram a vida.

## O caldeirão de Bran

Dos anais da mitologia galesa vem o caldeirão de Bran, o Abençoado, conhecido como o Caldeirão do Renascimento. Bran ofereceu-o como um presente conciliador a seu novo cunhado Matholwch, rei da Irlanda, que se casou com a irmã de Bran, Branwen, e cujos cavalos tinham sido mutilados pela raiva do meio-irmão de Bran, Efnisien. O caldeirão foi considerado parte do dote de Branwen e levado para a Irlanda quando os dois partiram.

O caldeirão de Bran tinha a capacidade de ressuscitar os mortos. Mergulhar um homem no caldeirão o fazia ressurgir vivo e em condições físicas excelentes no dia seguinte, mas aqueles que eram ressuscitados não conseguiam falar. Isso acontecia porque eles estiveram na terra dos mortos e, ao serem ressuscitados, não podiam contar aos vivos tudo que haviam visto. Infelizmente para Bran, o caldeirão foi usado contra ele e seus homens quando mais tarde entraram em guerra contra os irlandeses: o rei da Irlanda ressuscitou várias vezes seus guerreiros mortos e os devolveu à batalha. O meio-irmão de Bran acabou quebrando o caldeirão, sacrificando-se para fazê-lo.

Diz-se que o caldeirão teve origem na Irlanda, sob um lago. Isso reforça ainda mais a tradição do renascimento, pois o caldeirão, assim como o lago, é um ponto de conexão ou interação entre o mundo dos humanos e o Outro Mundo.

## O caldeirão de Annwn

A busca pelo caldeirão de Annwn é narrada no poema galês "Preiddeu Annwn" ("As Benesses de Annwn"), do Livro de Taliesin, que data de algum momento entre os séculos IX e XII. Annwn é o Outro Mundo galês. Uma das funções do Outro Mundo Celta é ser uma terra dos mortos. O rei Arthur e seus companheiros viajaram para Caer Sidi, uma fortaleza em uma ilha governada pelo Senhor de Annwn e, portanto, viajaram até a terra dos mortos nessa busca para obter o caldeirão pertencente ao Senhor da Morte. O caldeirão era esmaltado com flores, cravejado de pérolas ou diamantes, e resfriado pelo hálito puro de nove donzelas que o protegiam. Uma das propriedades mágicas desse caldeirão era não ferver a comida de um covarde nem de alguém que foi renegado. Era tão bem protegido que só Arthur e seis outros homens retornaram dessa busca. Eles conseguiram o caldeirão, mas a um alto custo.

Um caldeirão que pertença ao Senhor da Morte pode ser considerado como o de Bran, o Abençoado, que rejuvenesce ou restitui a vida.

## O caldeirão de Brigit

Diz-se ocasionalmente que a deusa irlandesa Brigit (representada por Brid na Escócia e Brigantia na Grã-Bretanha, entre outras) possui ou carrega um caldeirão. Essa é uma conclusão lógica sobre os mitos de Brigit existentes, pois ela não é só uma deusa da inspiração; ela também é uma deusa da cura, associada aos poços e à água, e uma deusa do fogo e da forja. O caldeirão é um símbolo da água e está intimamente associado ao fogo pela conexão com a lareira e a casa, e também com a forja, na qual os caldeirões são fabricados.

Brigit é uma deusa de três aspectos, o que significa que são três deusas separadas, cada uma chamada Brigit, governando os reinos da cura, da poesia e da forja de metais. O aspecto da forja é conhecido como Begoibne, que significa "mulher da forja". Dizia-se que Begoibne tinha uma forja sob a colina de Croghan, na Irlanda, onde, entre outras coisas, forjava caldeirões nos quais o futuro era armazenado.

## Odrerir, o caldeirão nórdico da inspiração

Na mitologia nórdica, Odin bebeu sangue mágico de um caldeirão a fim de obter sabedoria. Ele se transformou em uma serpente para beber todo o hidromel dos poetas no caldeirão Odrerir. Odrerir, às vezes, é interpretado como o caldeirão em si e também como o conteúdo — o hidromel da poesia. A *Prosa Edda* descreve o sangue do deus Kvasir, que foi originalmente criado a partir da saliva de todos os deuses, e misturado com mel no caldeirão Odrerir por anões. O líquido resultante era o hidromel que transformava o homem que o bebia em um *skald*, ou poeta erudito. Depois de barganhar por ele em troca de trabalho, e de seu pagamento justo ter sido negado, Odin enganou os guardiões do caldeirão usando de astúcia e disfarces e, com três goles, esvaziou a poção mágica do caldeirão. Desse modo, ele se tornou o deus que distribui inspiração aos poetas, de certa forma libertando o caldeirão do gigante Suttungr, que o guardava com zelo. Esse hidromel também era usado pelas Valquírias para restaurar a vida dos guerreiros mortos levados para o Valhalla.

## Usando o caldeirão na magia de lareira

O caldeirão é uma ferramenta que qualquer seguidor de um caminho espiritual voltado para o lar e a lareira deve possuir. Por todo o seu simbolismo e associação prática com a lareira ao longo da história, o caldeirão incorpora muitos dos objetivos e áreas consideradas importantes na magia de lareira: abundância, nutrição, rejuvenescimento espiritual, introspecção e sabedoria, para citar apenas alguns.

Como a magia de lareira também tem a ver com a prática, o caldeirão não é apenas um símbolo; ele também pode ser usado nas atividades cotidianas, se você desejar. O caldeirão da cozinha moderna é conhecido como caçarola, disponível com e sem pés, dependendo do uso interno ou externo, e feito de ferro fundido ou esmaltado.

Se você comprar um caldeirão só para uso ritualístico ou espiritual, ele não precisa ser de ferro fundido. Embora a magia de lareira busque ser muito prática e não recomende ter um conjunto de utensílios só para uso ritual, você pode preferir ter dois caldeirões: um pesado tipo caçarola, de ferro fundido, para cozinhar, e um menor e mais leve para o trabalho espiritual e como símbolo em um santuário ou altar. Afinal, carregar uma caçarola de doze quilos pode ser um pouco cansativo.

Ao procurar um caldeirão para trabalho espiritual, tenha em mente que você vai querer algo que possa limpar com facilidade, e que não quebre nem ocupe muito espaço; talvez você queira mantê-lo do lado de fora, em seu altar ou santuário, por exemplo, para usar em oferendas ou servir de castiçal (uma vela de *réchaud* em um pequeno caldeirão proporciona a imagem e a sensação de uma fogueira purificadora sem a desordem associada). Você também pode usar o caldeirão em pequenos rituais de homenagem ou, ainda, como foco visual durante a meditação.

---

*No Capítulo 6, você vai aprender a criar um santuário na cozinha. Como parte desse espaço, você pode usar um pequeno caldeirão para colocar um pouco de sal. O sal presente em seu caldeirão no santuário ou altar pode ser usado para muitas coisas:*

- *O sal consegue absorver o que há de ruim no espaço. Se colocado no santuário com essa intenção, ele vai absorver a energia negativa; mas não use esse sal para cozinhar, não use como representante do elemento terra em um ritual, nem em rituais de purificação.*
- *No início ou no fim de cada dia, ofereça uma pitada desse sal aos espíritos da sua lareira.*
- *Adicione uma pitada do sal ao seu cozimento e visualize-o banindo qualquer coisa negativa que ainda resista ou, também, pode ser usado como um catalisador que combina e une as energias desejadas que já estão presentes.*

---

Ter um pequeno caldeirão simbólico é um jeito prático de incorporar as energias dele à sua casa sem ter de armazenar uma enorme panela de ferro fundido em algum lugar. Pequenos caldeirões de ferro, com tamanhos que variam desde a palma da mão até dois punhos juntos, cabem facilmente em algum lugar na sua área de trabalho sem atravancá-la.

## Usos para o seu caldeirão

Seja criativo! O caldeirão pode ser usado de diversas maneiras. Aqui estão algumas sugestões para você começar a pensar em como envolver o símbolo do caldeirão na sua prática espiritual e em suas tarefas cotidianas na lareira e ao seu redor:

- Use o caldeirão como castiçal, acendendo nele uma vela de *réchaud*; ou encha-o até a metade com areia comum ou areia para gatos e acenda uma vela votiva em cima. Antes de acender, empurre levemente a vela na areia para firmá-la.

- Coloque uma camada de areia comum ou areia para gatos no fundo do caldeirão e espete varetas de incenso, inserindo a base da vareta na areia com firmeza. Junte a areia ao redor, se necessário, para manter as varetas de pé. (Se o seu incenso for do tipo palitinhos de madeira, você também pode quebrar e descartar o pedaço de palito exposto.)

- Distribua um pouco de comida no caldeirão como oferenda e coloque-o no seu santuário ou altar.

- Salpique no caldeirão do santuário ou altar uma pitada das ervas ou temperos que estiver usando ao cozinhar.

- Traga o caldeirão para o centro da cozinha e visualize toda a energia estagnada e negativa espiralando para dentro dele, de onde quer que esteja se escondendo — cantos, atrás da geladeira, sob o fogão, embaixo da pia e assim por diante.

- Quando precisar se acalmar, posicione o caldeirão sobre a mesa à sua frente e respire fundo para se estabilizar. Visualize a escuridão no fundo do caldeirão como um portal em direção a uma energia profunda, relaxante e refrescante. Ao inspirar, sinta essa energia fluindo para você. Sinta a energia reconfortante preenchê-la, relaxar a tensão, acalmar a raiva ou os medos. Faça isso até voltar a se sentir calma.

- Quando precisar se energizar, posicione o caldeirão sobre a mesa à sua frente e respire fundo para se estabilizar. Visualize a escuridão no fundo do caldeirão como um portal em direção a uma energia vibrante e alegre. Ao inspirar, sinta essa energia fluindo para você. Sinta a energia preencher você, despertando suas células e energizando seu corpo e sua mente. Faça isso até se sentir pronta para assumir a tarefa para a qual estiver se preparando.

- Traga flores do seu jardim ou colhidas em uma caminhada pela vizinhança. Coloque-as no caldeirão situado em seu altar ou santuário. Remova as flores no fim do dia.

## O caldeirão como foco meditativo

Use seu caldeirão como foco meditativo enquanto faz uma prece ou invocação. Você pode focar o olhar no caldeirão vazio ou enchê-lo com água e focar nela. Aqui estão algumas ideias de preces que podem ser recitadas antes de meditar ou para encerrar uma sessão de meditação. São apenas sugestões; sinta-se à vontade para escrever e usar as suas próprias.

### Prece do caldeirão para ter abundância

Como símbolo de abundância, o caldeirão é mesmo imbatível. A abundância envolve coisas como prosperidade, fartura de alimentos, bons amigos, uma conta bancária saudável e assim por diante.

*Abençoado caldeirão,*
*Eu invoco Undry,*
  *o grande caldeirão de Dagda*
*através de ti.*
*Seja para mim uma*
  *fonte de abundância,*
*Energia nutritiva e força.*

## Oração do caldeirão para ter inspiração

Não importa o tipo de tarefa — cozinhar, pintar, escrever, cantar, ser pai ou mãe, atender telefones ou dirigir um ônibus —, em alguns dias sentimos que tudo que fazemos é insípido ou nada original. Se você sentir que precisa de um pouco de inspiração e apoio da sua lareira espiritual, experimente invocar o caldeirão de hidromel dos poetas de Odin a fim de obter um estímulo criativo.

> *Abençoado caldeirão,*
> *Eu invoco através de ti o caldeirão de Odin.*
> *Seja para mim uma fonte de inspiração,*
> *Que o meu trabalho na lareira e no lar seja motivado pela*
> *Revelação divina, tratado com uma percepção sensível,*
> *E realizado com poesia.*

## Prece do caldeirão para renovação espiritual

Todos precisamos nos reinventar de vez em quando, principalmente se a vida parece estagnada ou se sentimos que não estamos chegando a lugar algum. Esta prece pede um renascimento figurativo para ajudá-la a retomar o movimento. Lembre-se: para renascer, você precisa desistir do que tem atualmente, então esta oração pode dar início a algumas mudanças na sua vida com as quais você talvez não esteja totalmente à vontade. Pode ser difícil abrir mão de formas arraigadas de pensar, mesmo sabendo que elas estão impedindo o seu progresso.

> *Abençoado caldeirão,*
> *Eu invoco através de ti o caldeirão de Bran.*
> *Limpe-me do que eu não preciso mais,*
> *E conceda-me uma nova visão, uma nova compreensão,*
> *E uma nova energia para viver a vida.*

## Prece do caldeirão para ter sabedoria

A sabedoria difere do conhecimento por ser o acúmulo do esclarecimento adquirido ao colocar em prática o conhecimento, obtendo, assim, uma experiência pessoal. A sabedoria é o que nos orienta na tomada de decisões relacionadas a questões morais ou éticas.

> *Abençoado caldeirão,*
> *Eu invoco através de ti o caldeirão de Cerridwen.*
> *Seja para mim uma fonte de sabedoria,*
> *Para que eu possa manter a paz e o equilíbrio dentro da minha casa,*
> *E que todos os que se aproximam da minha lareira*
>    *saibam distinguir o certo do errado.*
> *Conceda-me uma revelação, abençoado caldeirão,*
> *E ajude-me nas decisões diárias.*

# Tipos de caldeirões

Os primeiros recipientes semelhantes a caldeirões eram feitos de argila ou cabaças secas e ocas; mas à medida que a humanidade aprendia a extrair e trabalhar com metais, era costume criar recipientes de cozinha com esse material, visto que eram colocados sobre o fogo ou perto dele para aquecer e cozinhar o conteúdo. Desse modo, um caldeirão de metal pode ser associado tanto ao símbolo do fogo, usado para forjar os metais da terra; quanto ao símbolo do elemento água, usada para resfriá-lo; e ainda ao símbolo da terra, pois os metais foram extraídos dela.

No entanto, pode-se dizer, mais precisamente, que o caldeirão simboliza a interação entre esses três elementos e, portanto, é um símbolo de transformação. A associação com a transformação também deriva da alquimia presente no ato de cozinhar, que ocorre dentro do recipiente.

Todos os metais usados para fazer caldeirões têm suas próprias energias, e elas contribuem para a energia geral da sua cozinha. Saber de qual material seus utensílios de cozinha são feitos e conhecer as associações dos elementos que os compõem pode dar foco e intenção ao seu trabalho espiritual. Esta é uma breve lista dos metais mais utilizados na fabricação de caldeirões, e as energias a eles associadas; o Capítulo 8 analisa com mais profundidade as energias dos metais usados em caldeirões e outros utensílios de cozinha.

- Bronze: frequentemente usado como substituto do ouro, portanto: prosperidade, saúde, energias do fogo e do sol, proteção, magia de atração, afastamento da negatividade.
- Ferro e aço: aterramento, proteção, desvio de energia mágica e psíquica, aumento da força física.
- Cobre: revitalização, renovação, cura, gentileza, fertilidade, amor, beleza, harmonia, amizade, paz, equilíbrio das energias de entrada e saída, atração de dinheiro.
- Alumínio: viagens, comunicação, atividade mental, flexibilidade.
- Latão e peltre: dinheiro, sucesso nos negócios, fama e renome, questões jurídicas.

# Cuidando de um caldeirão de ferro fundido

É importante saber cuidar de um caldeirão se desejar que ele tenha boa durabilidade. Antes de ser usado para algo mais do que apenas um símbolo visual, ele deve ser preparado e selado — um processo conhecido como cura. Peças novas de ferro fundido costumam ter uma cor prateada opaca, mas o ferro fundido que já foi usado é preto. Isso não afeta a eficiência. O ferro fundido bruto é muito poroso e precisa ser selado antes do uso. Isso se chama curar a panela.

Antes da cura, lave bem a sua nova panela de ferro fundido com sabão e água quente para remover o revestimento que a fábrica talvez tenha aplicado. Se tiver comprado um caldeirão de ferro fundido de segunda mão em um brechó ou venda de garagem e ele estiver enferrujado, é possível recuperá-lo com facilidade: esfregue-o com uma esponja de aço, lave-o bem em água quente com sabão e faça a cura conforme indicado aqui.

1. Pré-aqueça o forno a 120–150°C.
2. Esfregue o caldeirão por dentro e por fora com gordura vegetal hidrogenada ou banha de porco. (O azeite e o óleo vegetal geralmente deixam um resíduo meio pegajoso, portanto evite-os.)
3. Coloque o caldeirão em uma assadeira forrada com papel alumínio e leve-a ao forno pré-aquecido. Depois de quinze minutos, tire o caldeirão do forno usando pegadores de panela e despeje ou limpe o excesso de gordura (ela terá derretido e se acumulado no caldeirão).
4. Coloque de novo no forno e deixe por uma hora. Desligue o forno e aguarde até que esfrie.

Para cuidar de panelas de ferro fundido, limpe-as enquanto ainda estão mornas, enxaguando com água bem quente e secando com uma toalha de papel. Certifique-se de que estejam totalmente secas antes de guardá-las. Algumas pessoas dizem que nunca se deve usar detergente, mas a lavagem ocasional com sabão ajuda a quebrar a gordura remanescente, que pode ficar rançosa. Nunca use o lado mais áspero de uma esponja, pois ele danifica a superfície curada. Se necessário, esfregue toda a panela com a esponja e faça a cura de novo conforme as instruções anteriores. Nunca deixe a panela sem limpeza, com resíduos; nem deixe de secar depois do enxágue, ou ela vai enferrujar.

Uma alternativa à lavagem do caldeirão com água é limpá-lo com sal.

1. Despeje uma camada de um a três milímetros de sal (apenas para cobrir o fundo) na panela ou frigideira de ferro fundido.
2. Aqueça no fogão ou no forno em temperatura bem baixa por pelo menos meia hora. O sal vai escurecer com a gordura e a sujeira que absorver.
3. Retire do fogo e deixe a panela e o sal esfriarem.
4. Use uma escova dura e seca para esfregar o sal (uma escova de limpar panelas Wok é boa; em nenhuma circunstância use lã de aço, e lembre-se: não enxágue!).
5. Termine limpando a superfície com uma toalha de papel ou um pano macio.

A vantagem do método com sal seco é que você não precisa se preocupar se o ferro fundido está totalmente seco antes de guardar a panela, e não há perigo de ferrugem.

Para armazenar panelas de ferro fundido, forre o interior com uma folha de papel toalha a fim de absorver um eventual resíduo de umidade e reduzir o risco de ferrugem. Se o caldeirão tiver uma tampa, não o guarde tampado, pois assim você permite que o ar circule livremente; isso também reduz a chance de enferrujar.

## Abençoando seu caldeirão

Quando você adquire um caldeirão, é melhor limpá-lo e purificá-lo antes de qualquer tipo de uso — utensílio para cozinhar, símbolo ou ferramenta espiritual. Você pode adaptar o Ritual Básico de Purificação de um Cômodo do Capítulo 7 ou criar o seu. Depois que o recipiente tiver sido purificado, você pode proferir uma bênção como esta ou outra de sua escolha — também pode escrever a sua.

> *Caldeirão,*
> *Símbolo sagrado de renascimento,*
> *De transformação e sabedoria,*
> *Compartilhe comigo seus segredos e suas revelações.*
> *Que a minha vida seja tocada pela sua energia*
> *Enquanto trabalhamos juntos.*
> *Caldeirão, dou-te as boas-vindas à minha casa.*
> *Que as bênçãos recaiam sobre você.*

Se desejar, é possível salpicar dentro da panela algumas ervas frescas ou secas que simbolizem bênção ou boas-vindas para você. (Se não existir uma conexão sua com as ervas nem sentir uma energia apropriada em nenhuma delas, verifique no apêndice uma breve lista de ervas sugeridas e suas associações tradicionais.)

### Receita: Biscoitos caldeirão

Essas pequenas guloseimas divertidas são uma versão dos biscoitos recheados com geleia. Use a cavidade localizada no centro do biscoito como fonte de tudo que você quiser evocar: nozes para abundância e fertilidade, e assim por diante. Os biscoitos caldeirão podem ser feitos e impregnados com qualquer energia que você desejar associar a eles, como sabedoria, abundância ou transformação espiritual. (Veja o Capítulo 9 para obter mais informações sobre o aspecto espiritual de cozinhar e usar alimentos em um contexto espiritual.)

Esta receita usa cacau em pó para fazer biscoitos de chocolate, que se parecem mais com a imagem tradicional do caldeirão escuro. Se preferir fazer biscoitos de baunilha, exclua o cacau e acrescente mais uma ou duas colheres de farinha.

Pressione o polegar bem fundo nos biscoitos. Se você apertar com leveza, o poço em formato de caldeirão vai desaparecer quando o biscoito assar e crescer um pouco. Uma opção é assá-los por quatro ou cinco minutos, depois pressionar o polegar sobre os biscoitos (com cuidado, pois estarão quentes) e assá-los pelo tempo restante.

Você vai precisar de:

- 1 xícara de manteiga amolecida
- 1 xícara de açúcar mascavo
- 2 ovos grandes
- 1/4 de xícara de leite
- 1 colher de chá de extrato de baunilha
- 2 xícaras de farinha de trigo
- 2/3 de xícara de cacau em pó
- 1 colher de chá de fermento em pó
- 1/2 colher de chá de sal
- Sugestões de recheios: geleia, chantilly, frutas vermelhas levemente esmagadas e polvilhadas com um pouco de açúcar (deixe essa mistura descansar por pelo menos uma hora antes de rechear os biscoitos), glacê, pasta de amendoim.

1. Em uma tigela grande, bata a manteiga até o ponto de creme. Adicione o açúcar e bata até ficar macio. Acrescente os ovos e misture. Adicione o leite e a baunilha e mexa com cuidado. Misture bem.
2. Em uma tigela média, misture a farinha, o cacau em pó, o fermento e o sal. Junte à mistura de manteiga com cuidado e mexa até ficar bem homogêneo.
3. Cubra a tigela com filme plástico e leve à geladeira por pelo menos uma hora ou até que esteja firme o suficiente para manipular.
4. Aqueça o forno a 180°C. Faça bolinhas de mais ou menos 2,5 centímetros. Arrume-as em assadeiras levemente untadas. Pressione o polegar bem fundo, mas com suavidade, no centro de cada bolinha. (Polvilhar as mãos com açúcar de confeiteiro ajuda a impedir que a massa grude demais enquanto você faz as bolinhas e pressiona o polegar.)
5. Asse por um período de dez a doze minutos ou até firmar. Deixe esfriar um pouco na própria assadeira e, então, retire para terminar de esfriar sobre uma grelha. Deixe esfriar completamente antes de rechear. Se desejar levar o tema do caldeirão mais além, use tiras finas de balas de alcaçuz como alças.

Sua representação física da lareira espiritual, ou seu altar ou santuário da cozinha, é o lugar perfeito para o caldeirão ritualístico. Como o caldeirão é um dos principais símbolos da magia de lareira, o ideal é tê-lo à vista enquanto você trabalha. Poder vê-lo de vez em quando vai ajudá-la a voltar o foco para o seu propósito espiritual: nutrir, amar, proteger ou qualquer que seja o tema do seu trabalho.

# Deidades da lareira e da casa

*Capítulo 5*

Há uma infinidade de deidades e espíritos associados à lareira, demonstrando a importância espiritual dessa área. Os conceitos de lareira e lar se encontram tão entrelaçados que os deuses e deusas associados a uma, em geral, são associados à outra. Aqui está uma amostra de várias deidades domésticas e da lareira de diversas culturas. Não é de forma alguma uma lista definitiva, e as informações estão resumidas.

## Héstia

Deusa grega da lareira, Héstia era a deidade a quem as oferendas eram feitas antes de qualquer outra. O ditado "Héstia vem primeiro" mostra o quando ela era arraigada na vida e na prática espiritual desse povo. O Hino Homérico "Para Héstia" diz:

*Héstia, nas habitações elevadas de todos, sejam deuses imortais ou homens que andam na terra, você conquistou uma morada eterna e a mais alta honraria: glorioso é o seu quinhão e o seu direito. Pois, sem você, os mortais não preparam banquetes nos quais não se derrame devidamente um vinho doce em oferenda a Héstia em primeiro e em último lugar.*

Apesar da sua posição de primeira entre iguais, Héstia raramente é mencionada na mitologia; existem pouquíssimas histórias que a envolvem, e, quando aparece, é uma figura passiva. Ela parece ser mais um ideal incorpóreo do que uma divindade encarnada, como as outras deidades do Olimpo são apresentadas nas histórias. Isso não significa que não tenha desempenhado um papel significativo na vida dos gregos. Pelo contrário: como estava sempre presente sob a forma de lareira doméstica e também da lareira pública, ela era considerada tão arraigada na vida cotidiana que as histórias ilustrando sua importância eram desnecessárias.

Uma das três deusas gregas originais da primeira geração das deidades do Olimpo, Héstia era considerada uma deusa virgem, sem obrigação ou subserviência a qualquer outra pessoa ou deidade. Como deusa da lareira, era associada ao preparo do pão e das refeições. Identificada também com a chama sagrada, estava ligada às oferendas e recebia uma parte de tudo que era ofertado a outros deuses e deusas.

Apesar de não possuir um templo formal, Héstia era homenageada através de um altar público na prefeitura, ou pritaneu, onde se mantinha acesa uma chama eterna. Da mesma forma que a lareira representa o coração espiritual das residências particulares, a lareira pública dedicada a Héstia era considerada o coração da cidade. Quando uma nova cidade era fundada, as brasas da lareira pública eram carregadas para acender o fogo na lareira pública do novo município, transportando a essência e a proteção de Héstia a fim de abençoar o novo assentamento. Da mesma forma, os membros da família que estabeleciam uma nova casa em outro lugar levavam brasas da lareira da casa antiga para a nova.

Héstia preserva a sacralidade do lar particular, fazendo dele um refúgio e um lugar de renovação espiritual. A lareira era considerada o coração espiritual das residências privadas, e seu fogo não era apagado.

Se ele apagasse, eram necessários rituais de purificação e renovação para reacendê-lo. Como Héstia era a essência do lar, a adoração formal era inexistente; todos a homenageavam individualmente. Héstia era um exemplo do quão sagrados eram a lareira e seu fogo — e o lar era como um templo — para as famílias.

Sua presença é simbolizada por uma chama acesa na lareira ou no altar. Héstia raramente é retratada na iconologia, pois entende-se que ela é a própria chama. Se retratada, no entanto, às vezes é mostrada com um galho em flor, uma chaleira ou panela em formato de caldeirão, ou uma tocha.

É muito interessante que Héstia seja vista como solteirona ou caseira, termos que em geral são tidos como pejorativos ou desdenhosos na sociedade moderna. Devemos lembrar que as mulheres mais idosas eram consideradas sábias e experientes e, por isso, recebiam homenagens nas sociedades antigas.

## Vesta

O cognato romano de Héstia é Vesta e, embora tenha uma função e uma posição semelhantes, Vesta não é exatamente igual à deusa grega da lareira. A principal diferença é que o culto a Vesta era formalizado, e uma ordem de sacerdotisas servia a ela em templos formais. O templo de Vesta abrigava uma chama eterna que simbolizava a vida e a segurança da cidade de Roma. Era guardado e vigiado por um grupo de sacerdotisas dedicadas ao seu serviço, chamadas de *vestales* ou vestais. Essas sacerdotisas juraram dedicar a vida a Vesta; e assim prometeram o celibato por trinta anos, com a intenção de dedicar toda a sua energia e seu tempo para servir à deusa, dando origem à expressão "as virgens vestais".

O fogo sagrado de Vesta era reaceso em todo primeiro dia de março. Uma amostra do fogo era retirada e guardada em um recipiente. Após a limpeza da lareira, o fogo era aceso de novo com as brasas reservadas do fogo original. Nesse sentido, a chama eterna era eterna de fato, a essência da chama do ano anterior e de todos os anos anteriores sendo passada para o novo fogo por meio das brasas. Os restos do fogo sacrificial no templo também eram considerados sagrados, e as cinzas eram coletadas e armazenadas sob o prédio até a procissão anual ao rio Tibre, onde eram lançadas. O festival de Vesta, conhecido como Vestalia, era celebrado de 7 a 15 de junho.

Assim como Héstia, a presença de Vesta é simbolizada por uma chama acesa em um altar ou na lareira da casa. A iconologia a retrata com uma lança e/ou uma lamparina a óleo.

## Brigit

Brigit, a tão amada deusa irlandesa do lar, é também conhecida por outros nomes, como Brid e Brigantia, em regiões que mais tarde se tornaram a Escócia e a Grã-Bretanha. Brigit tem três aspectos: ferreira, curandeira e poeta. É fortemente associada ao elemento fogo e, em menor grau, ao elemento água.

Todos os seus três aspectos têm relação com a prática da magia de lareira. A ferreira trabalha com o elemento fogo — um agente de transformação e transmutação como o caldeirão descrito no Capítulo 4. A ferreira também fabrica ferramentas, muitas delas para a casa e seu entorno, como caldeirões, ganchos, pregos, conjuntos de lareira (as ferramentas para cuidar da lareira e limpá-la), atiçadores de fogo (os suportes de metal que seguram as toras e outros combustíveis a serem queimados) e assim por diante. O aspecto de cura de Brigit concentra-se na restauração e preservação da saúde, uma das áreas que a magia de lareira também aborda. E a inspiração do poeta costuma ser simbolizada por uma chama.

Brigit sobreviveu até a era moderna como a santa católica cujas áreas de influência sem dúvida estão relacionadas à lareira e ao lar. Ela é a padroeira da criação de animais, como ovelhas e gado; dos laticínios, como leite e manteiga, bem como dos trabalhadores do setor (incluindo ordenhadoras e leiteiras); crianças; avicultores; parteiras; poetas e ferreiros. Suas muitas associações com a casa e o lar fazem dela uma deusa muito popular entre os trabalhadores.

Brigit era cultuada tanto como deusa quanto, mais tarde, como santa — por um círculo de dezenove sacerdotisas ou freiras que cuidavam de uma chama eterna. No 20º dia, diz-se que a chama sobrevivia sem ninguém aparentemente cuidando dela, levando à crença de que a própria deusa cuidava da chama naquele dia.

## Tsao Wang

Tsao Wang é o deus chinês da lareira, também conhecido como deus da cozinha. Uma imagem de Tsao Wang (e às vezes de sua esposa) é mantida na cozinha, em geral acima ou perto do fogão, simbolizando a presença do deus. É comum homenageá-lo regularmente com incenso ou outras oferendas. Diz-se que Tsao Wang vigia a família ao longo do ano e que sua esposa registra as coisas boas que cada membro diz. Na semana anterior ao Ano Novo Chinês, Tsao Wang deixaria a lareira para relatar ao céu as ações da família. Como as pessoas desejam um bom relatório, é costume ofertar doces melados a Tsao Wang, além de vinho e dinheiro para que sua viagem seja tranquila. O relatório de Tsao Wang determina se a família vai ter boa ou má sorte no ano seguinte.

*A China e o Japão têm vários costumes e tradições relacionados à lareira e à casa, muitas vezes girando em torno de honrar a família, os ancestrais e os espíritos da lareira. Como não é possível incluir todos eles aqui, você pode fazer uma pesquisa para explorar o quanto essas culturas respeitam os espíritos associados ao espaço sagrado do lar e às diversas tradições, que vão desde banquetes e pratos específicos até oferendas e festivais.*

Durante a ausência de Tsao Wang, a imagem fica virada para a parede ou, se for de papel, é queimada. Antes que ele retorne, a casa deve ser bem lavada a fim de banir toda a má sorte ou energia negativa que estiver presente, e cada membro da família ou residente da casa deve ajudar na limpeza para garantir a boa sorte no ano seguinte. (A casa não deve ser lavada nos dias imediatamente após o Ano Novo, ou a sorte pode ser perdida.) Logo depois, desvira-se a imagem para simbolizar o retorno, ou compra-se uma nova imagem para substituir aquela que foi queimada. Uma refeição especial é preparada para recebê-lo de volta à lareira.

## Kamui-fuchi

Kamui-fuchi é uma deusa japonesa da lareira, original do povo Ainu. Seu nome significa "Mulher que aumenta as faíscas de fogo", e ela é simbolizada pela chama na lareira. Diz a lenda que ela nunca sai de uma determinada casa e, portanto, o fogo nunca pode morrer. Ela é a principal supervisora da casa, mas, como não sai do lugar, há outros espíritos domésticos que se reportam a ela. Kamui-fuchi guarda a casa e também promove a justiça nos assuntos domésticos.

Na tradição ainu, a lareira também é a morada dos ancestrais, localizando-os no coração da casa. O fogo da lareira também era visto como um portal através do qual a família podia se comunicar com o mundo dos espíritos.

## Kamado-no-Kami

Kamado-no-Kami é o deus japonês do fogo para cozinhar ou do fogão e do forno. Assim como Tsao Wang, Kamado-no-Kami existe em todas as casas ao mesmo tempo, e também é um deus da purificação; entretanto, acredita-se que o próprio fogo seja conspurcado com facilidade, e por isso existem rituais de purificação do fogo ou do forno. Muitas cozinhas têm santuários dedicados a ele com o objetivo de ajudar no fogo cotidiano e conter sua natureza perigosa.

*Kamado* também significa "panela" em algumas regiões do Japão e, por isso, essa divindade pode ainda ser associada aos caldeirões. Kamado-no-Kami é uma das deidades do fogo (*hi-no-kame* ou *hi-nokame*), e sua esfera de proteção estende-se do fogo da lareira por toda a residência, até o alimento preparado dentro dela. *Kami* é o termo geral para "espírito"; e sendo essa palavra parte oficial do seu nome, isso mostra o quanto Kamado-no-Kami é fundamental para a cultura. Koujin-Sama é a deidade shinto-budista sincrética da cozinha e do fogão. Seu nome é um análogo de Kamado-no-Kami.

## Gabija

Deusa lituana do fogo da lareira, Gabija (também Gabieta, Gabeta) era vista como protetora da casa e de seus moradores. Acreditava-se que o fogo da lareira era uma energia purificadora que defendia a casa de pessoas e criaturas impuras. A tradição ditava que o fogo da lareira fosse extinto e aceso de novo por meio de um ritual no meio do verão. Quando o fogo era aceso, um copo d'água ou cerveja era deixado como oferenda para Gabija. Quando o fogo era cercado todas as noites, as mulheres da casa rezavam para ela pedindo boa sorte e segurança para a família. Assim como no culto a Héstia, uma noiva coletava brasas da lareira da família e as usava para acender o fogo na casa nova. Algumas fontes relatam que uma pitada de sal era lançada ao fogo como oferenda. Gabjaua, outra forma dessa deusa, era associada às plantações de grãos e à fabricação de cerveja.

## Ertha

Deidade doméstica do norte da Europa, Ertha é associada à terra e à abundância, ao destino, à paz e à vida doméstica. É uma versão germânica da Mãe Terra. Em alguns mitos, é a mãe das Nornas, trigêmeas que controlam a sorte e o destino. A adivinhação costumava acontecer perto da lareira, e hoje em dia o fogo é com frequência usado como ferramenta divinatória; essa associação, portanto, faz sentido. Diz-se que Ertha voava através da fumaça do fogo da cozinha deixando pequenos presentes para cada membro da família no Solstício de Inverno — uma prática muito semelhante à atividade agora atribuída ao Papai Noel.

## Frigga

Uma das principais deidades femininas da mitologia nórdica, Frigga (também conhecida como Frigg em algumas fontes) é uma deusa doméstica no verdadeiro sentido do termo. Esposa de Odin, é considerada a deusa do casamento e do amor, da fertilidade, da maternidade, da administração do lar e de todas as habilidades domésticas. Longe de ser subserviente, ela é poderosa e compartilha do Hlidskjalf, o assento de Odin que tem vista para o mundo; é a única outra divindade com permissão para se sentar nessa espécie de trono. Ela tem o poder da profecia, embora guarde o conhecimento do futuro para si mesma. Estes dois últimos fatos sugerem o quanto ela é poderosa e o tanto de informações que ela possui sobre as terras e regiões que governa. Com esse conhecimento, ela consegue organizar e executar melhor as tarefas, mantendo um ambiente calmo, bem administrado e de apoio para aqueles sob seus cuidados.

Frigga tem companheiras e assistentes, todas associadas a virtudes e caminhos domésticos. Eir é a deusa da cura; Hlin é a deusa da proteção; Gna é a deusa das mensagens e da comunicação; e Fulla é outra deusa da fertilidade.

Os símbolos comumente associados a Frigga são a roda e o fuso de fiar. O visco, uma planta com poderes de cura, fertilidade e proteção, também é associado a ela.

## Bes

Deus anão egípcio da proteção, Bes era muitas vezes representado em utensílios domésticos, associando-o à proteção geral da casa e de seus moradores. É um deus guerreiro e defensor, protegendo a família dentro e fora de casa; ele também afasta a má sorte.

# Espíritos domésticos

Um espírito doméstico é um guardião que defende a casa, uma parte específica dela ou os membros da família. Esses espíritos não são deidades formais nem figuras mitológicas; em vez disso, são exclusivos da lareira e da família. Podem estar relacionados aos ancestrais ou à localidade. Os espíritos domésticos são homenageados dentro de casa e muitas vezes representados por pequenas figuras, pinturas ou gravuras em utensílios domésticos. Eles são, quase sempre, reconhecidos pela família e recebem oferendas de diferentes alimentos e/ou bebidas, ou são homenageados de outras maneiras. Em geral, as associações culturais desses espíritos são de proteção do lar, proteção dos familiares e prosperidade.

O culto romano à lareira e à família é um excelente exemplo de como os espíritos domésticos funcionam na vida cotidiana e na atividade espiritual da família. Os *lares familiares* da Roma antiga eram espíritos associados a diferentes lugares ou atividades. O *lar familiaris* (literalmente um "guardião da família") era um deus ou espírito doméstico associado a uma determinada casa. Um pequeno santuário conhecido como *lararium* servia de morada para os *lares*, podendo variar de um nicho em uma parede a um armário de parede ou armário independente. O *lararium* era colocado perto da lareira, o foco central da casa, ou em uma entrada, algumas vezes dividindo o espaço com Vesta ou, ainda, ao lado do santuário dedicado a ela. Pequenas estátuas dos *lares* eram colocadas dentro e ao redor da casa para protegê-la, às vezes no telhado ou em outros lugares altos. O *lar* era uma parte essencial da vida familiar, tanto nos acontecimentos cotidianos quanto nas celebrações familiares formais. Se os membros da família honrassem o *lar*, o espírito protegeria cada um deles e cuidaria para que tivessem boa sorte. Se uma pessoa não o honrasse de forma adequada, ela seria ignorada, e a ajuda do espírito lhe seria negada.

Os *lares* tinham seu próprio festival, chamado de Compitalia, celebrado por volta do dia 4 de janeiro. O Compitalia é associado ao conceito de encruzilhada, um símbolo interessante quando você considera quanto poder o *lar* tinha para ajudar ou atrapalhar uma família. Alguns registros sugerem que havia *lares* diferentes para espaços distintos da casa, como portas, lareira e assim por diante. Os *penates*, por exemplo, eram originalmente espíritos da despensa e dos depósitos, que, quando devidamente homenageados, garantiam que a família fosse próspera e sempre tivesse o suficiente para comer. Na *Eneida* de Virgílio, Eneias interrompe sua fuga para poder levar consigo as pequenas figuras dos deuses da lareira. Essa ação sugere que "lar" é onde quer que estejam os deuses da lareira. Levar a representação física e o foco dos espíritos consigo simboliza, para Eneias, transportar toda a ancestralidade e a cultura enquanto busca um novo lar e funda uma nova cidade.

Enquanto os *lares* eram literalmente espíritos do local, permanecendo na casa quando uma família se mudava e protegendo todos dentro dela, sem importar a posição ou o parentesco, os *manes* eram espíritos de ancestrais familiares e entes queridos que tinham morrido. *Di manes* pode ser traduzido como "os bons" ou "os gentis". Esses espíritos protegiam a família, mas não a casa e os empregados que trabalhavam nela.

O xintoísmo, religião nativa do Japão, tem como um de seus princípios a honra à família e à tradição. Uma casa xintoísta geralmente tem um pequeno santuário ou altar chamado *kamidama* (uma "prateleira dos deuses" ou "prateleira dos espíritos") localizado no alto de uma parede em uma área de estar central da casa. Esse altar, muitas vezes, é uma pequena prateleira ou uma pequena estrutura ou fachada semelhante a uma casa, montada para acomodar objetos ritualísticos. Por tradição, as cinco oferendas feitas em um *kamidana* são arroz, saquê (vinho de arroz), água, sal e ramos ou incenso de sempre-viva. O minúsculo conjunto de objetos usados no altar para essas oferendas é conhecido como *shinki* e inclui vasos de cerâmica branca para os ramos de sempre-vivas, frascos com tampa para o saquê abençoado, um pratinho para o arroz, um frasco com tampa para água benta, um pratinho para o sal e uma plataforma baixa ou bandeja de madeira para exibir o conjunto de *shinki*, bem como réplicas em miniatura das lamparinas encontradas em grandes santuários formais. Antes de qualquer oferenda ser feita, o indivíduo deve lavar bem as mãos.

Embora o *kamidana* não seja dedicado apenas ao *kamadogami* ou aos deuses da lareira do xintoísmo, ele certamente é um dos tipos de espíritos honrados ali. Criar um pequeno ambiente no qual concentrar sua homenagem aos espíritos e ancestrais da residência é outra maneira de explorar e honrar a espiritualidade do lar. (Veja o Capítulo 3 para obter mais informações sobre a construção de uma representação física da lareira espiritual e o Capítulo 6 para obter mais informações sobre a criação de um santuário na cozinha.)

As culturas europeias também mantiveram certos espíritos domésticos que foram sincretizados em lendas populares, mas ainda são mencionados nos tempos modernos e lembrados na tradição cultural. Esses espíritos geralmente são masculinos, peludos e com forma humana, mas em menor escala ou em miniatura, e na maioria das vezes são benevolentes — a menos que se sintam provocados por terem sido desrespeitados ou descobertos. Se um desses espíritos domésticos estiver associado à sua ancestralidade cultural, você pode pensar em convidá-lo para morar na sua casa. Mas trate-o corretamente!

- ***Brownie*** (Escócia, Inglaterra): Espírito doméstico familiar, o *brownie* geralmente é descrito como um pequeno humano marrom, vestido com roupas esfarrapadas ou nenhuma vestimenta. Algumas vezes, há pequenas diferenças físicas em relação aos humanos, como membranas entre os dedos das mãos, dedos faltando ou nariz achatado. Os *brownies* talvez sejam os espíritos domésticos mais úteis que alguém pode ter, ajudando e apoiando em todas as atividades domésticas possíveis. É essencial que um *brownie* não receba nenhum outro sinal de apreciação além de um prato de leite integral, pão fresco ou bolo — do contrário, ele irá embora para sempre. Agradecimentos verbalizados e roupas novas são especialmente proibidos. Críticas de qualquer tipo também são proibidas, pois o *brownie* se ofende e faz uma bagunça generalizada, destruindo utensílios domésticos. Alguns *brownies* também protegem o ambiente doméstico ou usam truques brincalhões para expor os membros da família que sejam preguiçosos e procrastinadores!

- ***Boggart*** (Inglaterra, região norte do país): Os *boggarts* podem ser espíritos úteis ou malévolos. Não costumam ter forma física, embora existam histórias em que certos *boggarts* assumem uma forma com a intenção de atormentar ou enganar as pessoas. Os *boggarts* são travessos, gostam de pregar peças e, com frequência, causam perturbações — barulhos e objetos jogados pela casa. Os *boggarts* bonzinhos têm um comportamento parecido com o dos *brownies* e ajudam nas tarefas domésticas. Assim como um *brownie*, no entanto, eles devem ser bem tratados, ou podem exibir um comportamento destrutivo. O *bwca* galês é uma forma de *brownie*.

- ***Hob*** (Inglaterra): O hob atua mais ou menos como um *brownie*; mas, em vez de dar uma ajuda geral, concentra-se em uma tarefa específica. O nome se refere à parte plana de um fogão, ou à área plana ou prateleira perto de uma lareira onde as panelas são aquecidas ou mantidas quentes. As mesmas precauções em relação a agradecer e criticar os *brownies* se aplicam aos *hobs*. O *hob* pode estar ligado a uma casa, um terreno específico ou, ainda, a uma família, acompanhando-a em caso de mudança. O *hob* também é conhecido como *hobgoblin*, que às vezes é considerado um espírito da natureza ou confundido com o *goblin* malicioso.

- **Domovoi (Rússia):** O *domovoi* é um espírito doméstico útil, muito parecido com o *brownie* inglês. É descrito com um homenzinho de barbas grisalhas que mora embaixo ou perto da lareira, ou às vezes na entrada da casa. Embora *dom* signifique "casa", o *domovoi* é ligado à família e se muda com ela quando é adequadamente convidado. De vez em quando o *domovoi* ajuda nas tarefas domésticas, mas seu foco principal é proteger a casa e os residentes. Uma parte do jantar é sempre reservada para ele, e a família nunca se refere a ele pelo nome — apenas por um apelido, como "velho avô". Assim como a maioria dos espíritos domésticos, o *domovoi* deve ser mantido feliz, ou a família corre o risco de ter má sorte e sofrer com o barulho e o tumulto que ele pode causar.

- **Tomte (Suécia):** O *tomte* ou *tomtar* é um espírito doméstico bastante ligado ao terreno onde a casa foi construída, ele é masculino, assim como os espíritos anteriores, e sua altura varia de poucos centímetros até sessenta centímetros. O alimento preferido do *tomte* é o mingau, muitas vezes com um pouquinho de manteiga por cima, servido a ele na manhã de Natal. A presença do *tomte* garante uma residência próspera e bem administrada, muitas vezes à custa dos vizinhos que perdem grãos ou suprimentos para o *tomte* enquanto ele trabalha para o sucesso da residência sob sua tutela. O *tomte* é dotado de uma força incrível, muito além do que se poderia imaginar. Na Finlândia, esse espírito é conhecido como *tonttu*. Imagens do *tomte* como um homenzinho de barba branca e chapéu vermelho alto e pontudo são vistas com frequência na época do Natal.

- *Nisse* (Dinamarca, Noruega): Espírito doméstico parecido com o *brownie*, que gosta de uma casa tranquila e ordeira, o *nisse* ou *nis* trabalha nas tarefas domésticas durante a noite. Assim como o *tomte*, pode pegar furtivamente bens e suprimentos dos vizinhos a fim de complementar o estoque da casa onde vive. O método preferido de agradecimento dos *nisses* é você deixar uma tigela de mingau com um pouquinho de manteiga. Sua habilidade especial é a velocidade.

- *Kobold* (Alemanha): Um *kobold* é um espírito doméstico que pode se manifestar como humano, animal, fogo ou objeto doméstico. Semelhantes aos *brownies* e outros espíritos do lar, são descritos com mais frequência como humanos de altura entre sessenta centímetros e 1,2 metro. Os *kobolds* vivem embaixo da lareira ou em uma área com menos tráfego, como um celeiro ou sótão. Eles terminam as tarefas deixadas por fazer quando a família vai para a cama, mantêm as pragas afastadas e ajudam a família a ter mesa farta e boa sorte. Como de costume, o *kobold* e seus esforços devem ser respeitados, ou a família corre o risco de perder seus serviços e sofrer terríveis infortúnios, doenças e adversidades. Assim como os romanos faziam com seus espíritos e deuses domésticos, os camponeses alemães entalhavam efígies e pequenas figuras de *kobolds* para proteger suas casas. Também há outros tipos de *kobolds* na mitologia alemã, especificamente os que moram em minas e os que trabalham a bordo de navios.

Embora não sejam considerados deuses no sentido real, esses espíritos domésticos mais travessos tinham de ser mantidos contentes para evitar a má sorte ou os obstáculos no dia a dia. Em alguns casos, para agradar um espírito e mantê-lo feliz bastava não o reconhecer, como no caso do *brownie*.

## Oferendas para espíritos domésticos

As oferendas são um jeito de honrar os princípios, guardiões ou conceitos de sagrado que você escolheu. O termo sugere que sua oferenda à entidade homenageada seja, de algum modo, algo muito precioso para você. Por isso, qualquer coisa pode ser uma oferenda.

Toda casa tem espíritos diferentes, e todos eles têm personalidades, gostos e aversões distintos. O alimento é uma oferenda simples, praticada no mundo todo. No Japão, por exemplo, a prática de espalhar arroz nos quatro cantos e no centro de determinado local como oferenda a um *kami* ou deus é chamada de *sanku*. As oferendas básicas de alimentos como saquê, sal e água são chamadas de *shinsen*, embora uma oferenda possa ser de qualquer alimento, cozido ou não.

Muitas oferendas tradicionais são associadas a alimentos básicos preparados na lareira, especialmente pão e mingau. Um jeito simples de homenagear os espíritos domésticos é deixar no seu santuário da cozinha ou em outro lugar uma parte da refeição que você for servir para sua família. A quantidade depende do quanto você pode ceder ou de quanto acha que o espírito apreciaria. Uma quantidade excessiva pode sugerir ao espírito que você tem mais do que o suficiente e não precisa de ajuda; muito pouco pode ofendê-lo. Uma colher pode ser suficiente. Deixe a oferenda durante a noite e descarte o que sobrar na manhã seguinte. Embora possa parecer que nada foi consumido — o argumento mais comum é que os espíritos absorvem a energia de uma oferenda — eles certamente percebem o gesto, apreciando o respeito e o reconhecimento demonstrados pela família.

# A cozinha como espaço sagrado

*Capítulo 6*

Nas casas de hoje, muitas vezes o único lugar que lembra uma lareira é a cozinha. Não é surpreendente, se considerarmos que ela desempenha um papel central na vida cotidiana sendo o local onde se preparam e se fazem as refeições. A espiritualidade da bruxa caseira incorpora tarefas domésticas de todos os tipos, e a maioria delas se baseia ou se origina na cozinha; portanto, faz sentido estabelecer um elemento espiritual ali.

## O poder da cozinha

Pode ser difícil abalar a mentalidade inserida na cultura norte-americana pelos avanços tecnológicos durante a segunda metade do século XX. Anúncios datados das décadas de 1950 e 1960 visavam esposas e mães como pessoas que mereciam passar mais tempo fora da cozinha para viver uma vida "real". De algum jeito, as invenções tecnológicas e os alimentos pré-embalados — feitos para encurtar o tempo gasto no preparo das refeições e reduzir a energia dedicada às tarefas da cozinha e da casa — nos levaram a acreditar que a cozinha é um lugar onde não devemos estar.

De certa forma, isso é triste. Sugere que a cozinha é um lugar a evitar, um lugar onde devemos passar o mínimo de tempo possível. Passamos a considerar o preparo de alimentos e as atividades domésticas como obrigações que precisam ser cumpridas antes de fazermos as outras coisas gratificantes na vida. Conforme uma amiga me disse outro dia: "Temos de aprender a entender que cuidar de uma residência não é só trabalho, é um trabalho válido. Não é algo que espremermos na agenda depois das 18h. Ele não tira nada das outras coisas se o fizermos entre 9h e 17h". E ela está certa. A revolução feminista da segunda metade do século XX conseguiu abrir o local de trabalho para as mulheres, mas, infelizmente, ao fazer isso, sugeriu que a administração doméstica era, de algum jeito, inferior ao trabalho feito em outros lugares. Ao estabelecer uma espiritualidade caseira, é importante avaliar seus sentimentos em relação à cozinha e ao trabalho realizado ali. Mesmo que você escolha outro cômodo ou espaço para ser sua lareira simbólica, a função da cozinha não muda; e tantas atividades domésticas são realizadas ali que seus sentimentos em relação a ela certamente vão influenciar o trabalho espiritual caseiro.

## História da cozinha

A cozinha nem sempre teve um cômodo próprio nas casas. Originalmente, não passava de uma fogueira para cozinhar que foi levada para dentro de casa, e as outras atividades internas eram realizadas ao redor dela. À medida que a cozinha evoluiu para um espaço especializado, ela ganhou um cômodo próprio, com áreas separadas para o armazenamento de alimentos e equipamentos para a realização das tarefas. Onde o espaço permitia, o cômodo também foi dividido em "cozinha quente" e "cozinha fria": a área quente continha a lareira para assar carnes e cozinhar os alimentos; e a cozinha fria era uma área de temperatura mais baixa, onde alimentos como massas de tortas, geleias e laticínios eram preparados ou armazenados.

As cozinhas mais antigas eram maiores do que as que temos hoje, pois abrangiam uma ampla variedade de atividades. Além de cozinhar, atividades como comer, lavar roupa, tomar banho, fazer velas, fiar e tecer, costurar, preparar todo tipo de conservas, cuidar de doentes e crianças, ensinar e inúmeras outras atividades aconteciam na cozinha da casa comum.

À medida que o século XX viu a invenção de dispositivos que poupam tempo e trabalho, a cozinha começou a encolher de tamanho: menos tempo era gasto ali e as tarefas eram realocadas para áreas associadas a atividades específicas. A tendência ao encolhimento começou a se reverter no fim do século XX. Os projetos de cozinha de hoje apresentam layouts que voltaram a um arranjo integrado, permitindo que os membros da família se reúnam em um cômodo maior e passem mais tempo juntos. Há uma razão para vermos projetos que incluem grandes espaços de trabalho ou de descanso ao lado da cozinha e integrados a ela — e até um cantinho para o computador dentro da própria cozinha. Com menos tempo gasto na residência em geral, as pessoas tentam tirar o máximo proveito do tempo que passam juntas. Faz sentido que as famílias se reúnam na cozinha ou nos cômodos integrados enquanto uma refeição está sendo preparada.

## O coração de uma casa

As cozinhas sempre variaram em tamanho e na quantidade de equipamentos, conforme as necessidades de cada época. E, no entanto, durante esse tempo todo, elas continuaram sendo associadas à domesticidade e ao coração do lar. A cozinha é uma área comum fundamental na maioria das casas: é um ponto de encontro; uma área social; um ponto de comunicação; um lugar onde os alimentos são armazenados, preparados e consumidos. Todos os equipamentos relacionados a essas atividades também são armazenados nela.

*Não descarte este capítulo se seu análogo físico, ou sua lareira espiritual, estiver localizado em outro lugar da casa. A função que a cozinha desempenha na vida cotidiana de uma família a vincula fortemente à espiritualidade doméstica.*

A cozinha é o único cômodo da casa que tem um fluxo constante de atividade. Tem sido menos dessa forma hoje em dia — tanto com o uso de aparelhos que podem armazenar e preparar refeições em uma fração do tempo antes necessário, quanto com o uso generalizado de alimentos pré-preparados e pré-embalados. Em termos históricos, no entanto, a cozinha era usada o tempo todo. Ela servia de quartel-general da casa, palco da manutenção de seu funcionamento: era a localização da despensa e ficava ao lado do depósito de alimentos; era onde ficava o fogo para cozinhar, que exigia supervisão constante; era onde aconteciam a preparação e a preservação dos alimentos; e, em muitos casos, também era o local onde as refeições eram servidas.

Em termos de magia de lareira, a cozinha como local de nutrição física é um paralelo lógico com o centro espiritual da casa. Se é o seu caso, a criação de um altar ou santuário para representar sua lareira espiritual na cozinha faz todo sentido. Se sua cozinha for mal planejada ou um lugar estressante para você, pensar no que cria uma atmosfera mais propícia a um ambiente espiritual ou montar um altar ou santuário ali pode ajudá-la a redirecionar, purificar ou de algum outro modo tornar a energia da sua cozinha mais atraente — e tornar sua experiência ali mais feliz e gratificante. Se você odeia sua cozinha, qualquer coisa que possa ajudar deve ser tentada pelo menos uma vez! Se, no fim das contas, a cozinha não for o coração da sua casa de jeito nenhum, não importa como você a enxergue, não brigue com ela; escolha o local que te agrada. Faça o possível para se abrir ao aspecto espiritual do trabalho realizado na cozinha empregando algumas das técnicas apresentadas neste livro.

# Santuários e altares na cozinha

Embora toda a sua cozinha seja ou possa ser uma área sagrada (veja a discussão sobre esse assunto no Capítulo 2), criar um local definido na cozinha que sirva como espaço sagrado pode ajudá-la a se concentrar no aspecto espiritual da magia de lareira enquanto usa o espaço de forma prática. Esses lugares ou espaços definidos oferecem uma espécie de referência, um lugar ou coisa que você pode usar para representar o todo maior.

O termo *altar* pode evocar o conceito de algo formal e intocável. No uso neopagão, um altar geralmente significa apenas um espaço físico usado para o trabalho mágico ou a adoração. Ele proporciona um ponto focal. Um santuário, na maioria das vezes, é um local específico criado para honrar uma entidade ou princípio.

Você precisa descobrir qual deles vai usar na magia de lareira? Não; a palavra não é importante. Muitas vezes, seu altar/santuário será um lugar que simboliza ou representa de alguma forma sua conexão com uma deidade ou com seu conceito de sagrado. Como você o classifica não é importante. Neste livro, as duas palavras são usadas para designar a mesma coisa: o local especial na sua cozinha (ou em qualquer outra parte da casa) que você escolheu para abrigar objetos e símbolos dotados de significado, e que estimula e apoia sua prática espiritual contínua.

Se você pretende usá-lo como um lugar para exibir objetos significativos relacionados a uma deidade ou espírito doméstico e como local de oferendas, provavelmente é um santuário. Se pretende usá-lo principalmente como um lugar para algum tipo de chama eterna, e onde manterá itens espirituais de curta durabilidade enquanto trabalha com eles por um período breve — incluindo itens mágicos como sachês ou símbolos e objetos energizados, provavelmente é um altar.

Os altares podem ser considerados mais ativos e projetivos, enquanto os santuários tendem a ser mais passivos e receptivos. Faz diferença se você não conseguir definir ou distinguir claramente o que está montando ou como pretende usá-lo? Não. Também não importa se você montar um e ele aos poucos assumir as características do outro, ou se você criar um espaço de dupla função. No fim, o que você está fazendo é criar um lugar para servir como um ponto físico de referência para seu trabalho espiritual, uma interface para sua comunicação com o Divino.

## Um "lar" para o lar

Um altar ou santuário é um espaço sagrado construído, um local designado para honrar um conceito ou força, uma deidade ou espírito, ou ainda para representar sua conexão com o Divino. Ambos podem representar emoções, compromissos ou qualquer coisa que você deseje ou exija. Um espaço como esse na lareira, o coração espiritual da casa, é uma representação física formal da lareira espiritual. Ele proporciona um "lar" para a lareira simbólica. Uma representação física formal da lareira facilita sua visualização e interação com ela. As pessoas muitas vezes acham mais fácil trabalhar com uma representação tangível do que com um conceito abstrato, não importa quão fortemente você sinta a presença dessa ideia. As pessoas gostam de assinalar os lugares que consideram sagrados de algum jeito — em parte para honrar aquilo que consideram sagrado, mas também para se lembrar dessa sacralidade e criar uma analogia no mundo físico.

É essencial ter um altar ou santuário na cozinha? Sim e não. Você certamente pode cultivar e administrar um ambiente espiritual sem eles, mas é muito mais fácil se você tiver um lugar físico onde possa concentrar sua atenção de vez em quando. Um lugar onde você possa reunir certos objetos especiais que simbolizam ou fazem você se lembrar da sua conexão com os princípios sagrados na vida é algo que proporciona uma experiência única. É apenas mais fácil para a maioria das pessoas ter uma representação física do que se passa na mente e no espírito. Os seres humanos são parecidos com um tipo de ave atraído por objetos reluzentes, que os fazem sentir-se bem. É gratificante ter um local designado para queimar velas ou incensos, deixar pequenas oferendas para os espíritos da sua casa ou para o universo em agradecimento, ou trazer a primeira folha do outono ou violeta da primavera.

Um santuário ou altar de cozinha não precisa ser grande. O que é positivo, porque ter espaço na cozinha geralmente já é um luxo. Alguns podem considerar que suas bancadas ou o fogão são um espaço sagrado, e isso é bom. Mas um dos benefícios de criar um único ponto focal na cozinha para servir de santuário é que ele mantém seu trabalho espiritual ou mágico fora das principais áreas de trabalho cotidianas.

Um altar separado também assegura que os materiais não comestíveis possam ficar distantes dos locais onde se manipulam os alimentos. E, por fim, mantém fora de perigo coisas como incensos queimando ou velas acesas e lamparinas a óleo. Não há regra que estipule que só pode haver um desses espaços por cozinha ou por casa. Se preferir montar dois ou mais, faça isso! Se você criar uma representação física do coração espiritual da sua casa, adicionar um santuário na cozinha não exclui essa lareira física.

## Projetando seu santuário

Há aspectos a serem considerados quando você projeta um altar ou santuário de cozinha. Em primeiro lugar, o local deve ser acessível, mas fora do caminho, a fim de proteger seus objetos. Há muita atividade na cozinha, e você não vai gostar que a área do santuário seja perturbada o tempo todo; há também os problemas de segurança mencionados antes. Os lugares que você pode considerar usar incluem:

- Sobre o batente da porta (uma prateleira estreita é o ideal)
- Uma prateleira na parede
- Uma série de prateleiras estreitas instaladas cerca de trinta centímetros abaixo do teto (aquelas específicas para pratos, por exemplo)
- Na parede atrás do fogão, acima da tampa (você pode precisar colocar uma placa para formar uma superfície mais ampla; e lembre-se que, se seus fusíveis estiverem localizados ali, o santuário e seu conteúdo terão de ser movidos para conseguir acessá-los)

- Em cestos suspensos (de arame ou vime; os cestos de três andares formam um interessante santuário com vários níveis)
- Em um suporte de panelas suspenso (você pode decorá-lo com ramos de flores secas e outros arranjos naturais)

Aqui estão algumas sugestões de itens que você pode incluir no seu santuário ou altar:

- Algo que represente a conexão com seus ancestrais
- Algo que represente seus espíritos domésticos ou da lareira
- Algo que represente uma deidade com a qual você tem uma conexão ou ressonância especial, cultural ou de qualquer outro tipo
- Algo que represente os quatro elementos (terra, ar, fogo e água) ou apenas o fogo como símbolo da lareira espiritual

## Criando imagens para o seu santuário

Em vez de colocar no seu santuário objetos encontrados, você pode confeccionar imagens para representar os guardiões ou deidades que sente que o guiam na cozinha. Ou pode fazer representações das entidades e energias que deseja evocar na sua lareira para atrair outras ou para serem luzes guias.

Para esse projeto, você pode usar argila de secagem rápida, também conhecida como argila de secagem ao ar, que não requer cozimento para solidificar, ou argila de queima ou outra substância para modelagem. Trabalhe sobre uma superfície plana coberta com plástico ou jornal para protegê-la da argila.

Antes de começar, decida que tipo de forma ou figura deseja esculpir ou moldar. Não precisa ser um retrato literal do espírito ou da deidade que o atrai; permita-se receber inspiração. Talvez você possa passar alguns minutos com um lápis e papel rabiscando formas ou ideias. Se estiver fazendo uma figura para representar um princípio abstrato, mais uma vez, deixe sua inspiração e seu instinto serem os guias.

A hortelã neste projeto é associada à abundância; a lavanda é associada à paz; os cravos-da-índia são associados à purificação; o manjericão é associado à administração doméstica harmoniosa; o alecrim é associado à proteção; a sálvia é associada à purificação; e o sal é associado à purificação e à prosperidade. Esses itens foram escolhidos pela associação geral com temas comuns na prática da espiritualidade caseira. Se houver outras ervas cujas energias sejam mais adequadas para os espíritos ou objetivos que você escolheu, use-as.

Você vai precisar de:

Vela, castiçal
Fósforos ou isqueiro
Argila de secagem rápida ou de queima (mais ou menos do tamanho do seu punho), na cor da sua escolha
1 pitada de hortelã seca
1 pitada de lavanda seca
1 pitada de cravo-da-índia moído
1 pitada de manjericão seco
1 pitada de alecrim seco
1 pitada de sálvia seca
1 pitada de sal
Pratinho para as ervas
Ferramentas para trabalhar a argila (palito, *hashi*, espeto)
Pratinho de arroz ou sal

1. Reserve um momento para sentar-se em silêncio e arejar a mente. Respire fundo três vezes, liberando o máximo de tensão física e mental possível a cada expiração.

2. Acenda a vela, dizendo:

*Chama sagrada,*
*Abençoe o meu trabalho com a sua luz.*

3. Amasse a argila com as mãos para amolecê-la. Ao amassar, visualize a argila brilhando com a energia da deidade, espírito ou princípio que você deseja que ela represente no seu altar ou santuário. Quando estiver macia, achate-a com as mãos.

4. Coloque as ervas e o sal no prato. Segure-o e diga:

   *Ervas,*
   *Eu invoco suas qualidades de proteção, paz, harmonia,*
   *   purificação, abundância e prosperidade.*
   *Que a minha lareira seja sempre abençoada por sua presença,*
   *e que os que moram nesta casa conheçam a*
   *   boa fortuna, a saúde e o amor.*

5. Segure o prato de ervas na frente da vela, de forma que a luz da chama incida sobre elas. Diga:

   *Chama sagrada,*
   *Abençoe estas ervas.*

6. Salpique as ervas de maneira uniforme sobre a argila achatada. Enrole a argila e, em seguida, forme uma bola. Amasse de novo para distribuir as ervas pela argila.

7. Comece a moldar a argila na forma aproximada da sua ideia para a figura. Quando alcançar a forma básica, comece a alisá-la. Acrescente detalhes usando os palitos, *hashis* ou espetos.

8. Deixe a figura secar em um local seguro. Se ela tiver áreas muito grossas, a argila pode precisar de mais tempo para secar bem. Depois de algum tempo, vire-a para que possa secar de maneira uniforme.

9. Quando a figura estiver seca, você pode pintá-la ou deixá-la como está. (Verifique na embalagem da argila as sugestões do tipo de tinta a ser usado.)

10. Arrume a figura no seu santuário. Coloque um pratinho de sal, arroz, azeite ou outro tipo de oferenda junto a ela. Com suas próprias palavras, agradeça à deidade, espírito ou princípio pelas bênçãos e peça que permaneça sempre perto do seu espaço sagrado e abençoe o seu lar.

# Crie santuários em toda a casa

As informações sobre altares e santuários são aplicáveis a qualquer cômodo da casa. Se você tiver a sorte de ter uma lareira em casa, tente usar o consolo da lareira como um santuário para os objetos que você considera sagrados. Fotos de família, obras de arte originais, velas, espelhos, cores e texturas, estátuas ou estatuetas — tudo isso pode ser usado para evocar um sentido de lar; e, também, para estabelecer sua conexão com os princípios sagrados na sua vida e com o Divino. Considere montar um altar da família, com a contribuição de todos os membros. Onde quer que esteja localizado o coração espiritual da sua casa, um altar ou santuário pode ajudar a confirmá-lo e torná-lo mais real. Todas as sugestões aqui são facilmente aplicadas ou alteradas para criar um santuário em outras partes da casa.

Os santuários e altares não precisam ser permanentes. Você pode montar um para um acontecimento específico, para um período da vida ou para uma estação do ano. Eles podem ser montados em qualquer lugar da casa. O belo livro de Denise Linn, *Altars: Bringing Sacred Shrines Into Your Everyday Life,* é uma inspiração, assim como o livro de Jean McMann, *Altars and Icons: Sacred Spaces in Everyday Life.* Ambos trazem ilustrações coloridas e demonstram a ampla variedade de maneiras como as pessoas reúnem, organizam e situam exibições sagradas que refletem e honram certos ideais, princípios, marcos ou entes queridos.

# Agindo com atenção plena na cozinha

Se a cozinha estiver servindo como uma lareira espiritual moderna, é lógico que toda e qualquer atividade realizada no cômodo pode ser classificada como de aplicação potencialmente espiritual. No entanto, não é apenas declarar a espiritualidade de qualquer coisa feita na cozinha. Embora viver seja um ato sagrado, é difícil defender que levar o lixo para fora seja algo espiritual. O segredo é estar em um espaço mental e espiritual durante a execução de certas tarefas.

Se argumentarmos que cada momento tem potencial para ser espiritual, só precisamos de um método para dar início a esse potencial e torná-lo real. Realizar uma ação conscientemente (o processo também conhecido como atenção plena) oferece essa possibilidade.

Esse processo de fazer algo com intenção também é conhecido como estar totalmente presente. Estar presente significa não pensar no que aconteceu antes ou no que você tem de fazer em seguida. É conceder à tarefa ou situação presente toda a sua atenção e foco, e permitir que ela se desdobre sem forçá-la ou insistir que ocorra de um determinado jeito. Por que isso é considerado desejável? O principal benefício de estar presente é que isso gera menos estresse. A posição é relativamente sem estresse porque não há uma ênfase em "Ah, não, esqueci de fazer uma coisa", nem mesmo uma ansiedade relacionada ao que você tem de fazer mais tarde; por isso é mais positiva. Esse estado também é mais receptivo à energia de cura e rejuvenescimento que sua lareira espiritual pode proporcionar. Estar presente pode ajudá-lo a apreciar as sensações da sua casa e o impacto que a sua lareira espiritual tem sobre as pessoas dentro dela.

Talvez a diretriz mais importante para agir com atenção plena seja realizar uma tarefa de cada vez. A multitarefa é quase instintiva no mundo de hoje, mas lute contra o impulso de fazer o máximo possível de uma única vez. Você não consegue dar atenção total a algo se já estiver dividindo sua atenção entre uma série de tarefas. Ao se permitir focar em uma única tarefa, você está se permitindo absorver o máximo de informação possível sobre ela e se abrindo para as energias espirituais envolvidas, maximizando o potencial benéfico.

Estar presente parece fácil. Se você já tentou, sabe que não é tão simples quanto parece. Aqui estão algumas sugestões para ajudá-lo a estar presente:

- Tenha consciência do ambiente. Que sons você ouve? Como é a luz? Quais são os cheiros ao redor? Isso ajuda a ancorá-lo no mundo real que está ao seu redor agora.
- Tenha consciência de si mesmo. Como seu corpo físico se sente? Quais são as texturas das roupas na sua pele? Como você se sente internamente no nível físico? Qual é o seu estado emocional? Não julgue nenhuma dessas coisas; apenas aceite-as como são.
- Imagine estar vendo pela primeira vez aquilo que está diante de você. Veja a imagem com novos olhos. Não aceite o que vê; observe e permita-se absorver os detalhes, ao invés de presumir que sabe o que está ali porque vê a cena todos os dias.
- Respire fundo e devagar pelo menos três vezes. Esta é uma técnica comumente usada para auxiliar no aterramento ou na reconexão com a energia da terra. Ela também tem o bônus de proporcionar uma boa injeção de oxigênio nos pulmões — o que, por sua vez, oxigena o sangue.

É impraticável focar conscientemente em cada movimento seu ao longo do dia. Se você fizesse isso, provavelmente ficaria meio louca com toda a pressão e as repercussões percebidas. Em geral, é suficiente entrar em contato com a sua lareira espiritual uma vez por dia e pedir que suas ações sejam abençoadas ao longo dele.

## Faça com que alguns momentos sejam especiais

Embora possa ser difícil tornar espiritual todos os gestos ao longo do dia, você pode definir certas ações ou séries de ações como intencionalmente espirituais. Preparar uma refeição, por exemplo, ou arrumar a cozinha são excelentes exemplos de ações que podem ser conscientemente reconhecidas como espirituais. Ajuda se você afirmar isso sempre que iniciar aquela tarefa. Um jeito excelente de fazer isso é lavar as mãos. A água é considerada um elemento purificador, além da associação física básica da limpeza com água e sabão. Lavar as mãos atentamente é um excelente gatilho para indicar o início de um ato espiritual. Também é um método de se reconectar à sua lareira espiritual ao longo do dia: uma ação realizada com frequência que pode lembrá-la de fazer uma pausa e se envolver com o poder contido na sua lareira espiritual para se restaurar ou renovar. Pense no ato de lavar as mãos como sendo uma preparação física, emocional, mental e espiritual para iniciar a atividade devocional.

Aqui está um exemplo de como usar a lavagem das mãos como um gatilho espiritual.

1. Concentre-se em estar presente.
2. Abra a torneira e deixe a água escorrer sobre as mãos. Visualize a água lavando as energias negativas ou indesejadas.
3. Passe o sabonete e lave as mãos, mantendo-se presente. Observe a sensação do sabonete na pele, e como é a sensação da pele ensaboada.
4. Enxágue. Respire fundo e devagar três vezes, ao expirar libere a tensão ou o estresse que você pode estar contendo.
5. Seque as mãos com um pano limpo.

Se desejar, é possível fazer uma pequena prece que você mesma tenha criado ou falar com o coração enquanto lava as mãos.

Ao realizar essas etapas com a devida atenção e reconhecer que lavar as mãos é um ato espiritual, você está sinalizando para sua mente consciente e subconsciente que considera importante o que está prestes a fazer.

Esse também é um excelente jeito de começar e terminar o dia. É uma oportunidade de, por um instante, conseguir ficar quieta e parada — apenas reconhecendo a sacralidade do coração espiritual do seu lar. É um momento de honrá-lo com respeito e honrar a si mesma como elemento integrante dessa lareira. Fazer isso de manhã cedo é um jeito de abordar o dia com abertura e gratidão; fazer isso à noite, antes de desligar a luz da cozinha, é um jeito de agradecer em silêncio à sua lareira.

# Trazendo a espiritualidade para a cozinha

Parte do truque para manter uma prática espiritual caseira é lembrar-se, com frequência, de que sua vida cotidiana é uma atividade espiritual. A melhor maneira de fazer isso é estabelecer um conjunto de rituais para realizar todos os dias — algumas atividades domésticas que possam ser, de alguma forma, um pouco ritualísticas e conduzidas com consciência e intenção, ao invés de rituais complexos na cozinha. (Mas, se preferir fazer algo assim, vá em frente!) Tarefas regulares, como fazer café ou pôr a mesa, são ótimas para se vincular a um pensamento ou gesto espiritual. Não precisa ser complicado; pode ser tão básico quanto usar a tarefa para se lembrar que o que você está fazendo é espiritual, da mesma forma que todas as outras coisas você faz durante o dia e a noite.

Aqui estão algumas sugestões sobre o que você pode fazer na tentativa de incutir mais consciência espiritual às suas atividades na cozinha.

- Meditar: A meditação pode ser apenas sentar-se em uma cozinha arrumada (ou pelo menos sem migalhas, suco derramado e uma pilha de pratos na pia) com uma xícara de chá, fazer uma série de exercícios de relaxamento corporal e, em seguida, abrir-se para a energia do cômodo e da casa. Você pode escolher algo para pensar ou apenas deixar a mente vagando.

- Fazer oferendas: Se você tiver um altar ou santuário na cozinha, use-o pelo menos uma vez por dia. As oferendas não precisam ser grande coisa, pequenos agrados podem resolver; uma pitada de uma erva que você esteja usando para temperar um ensopado, uma vela, ou apenas um toque seguido de um "Obrigado por estar aqui".

- Tornar espiritual o trabalho doméstico ao reconhecer o sagrado nas tarefas: Se você estiver lavando a louça ou passando pano no chão, pense em limpar a negatividade a fim de revelar o objeto puro e livre que está por trás. Pense em varrer a cozinha como se varre um templo: um lugar limpo de adoração ou homenagem é criado em respeito à deidade ou princípio que você estiver honrando.

- Preparar a comida com atenção: Em vez de apenas juntar os ingredientes para preparar uma refeição, reserve um tempo para estar presente enquanto você a elabora. (Há mais informações sobre isso no Capítulo 9.)

- Alimentar-se com atenção: Alguns de nós podem associar o agradecimento antes de uma refeição à disciplina dos pais, mas é uma ideia linda. Um exemplo é a prática xintoísta japonesa de reservar um momento antes de comer para agradecer às pessoas que plantaram, colheram, transportaram ou estiveram de alguma forma envolvidas em trazer a comida de seu estado natural até a sua mesa. Mesmo que seja um simples "Abençoe as mãos que tocaram este alimento", uma frase assim, dita em agradecimento silencioso, proporciona um momento para se reconectar com o mundo ao redor e com a energia que ele emite.

- Limpar as bancadas: Ao limpar as bancadas à noite, pense em limpar todo o acúmulo de pensamentos e acontecimentos do dia, deixando seu coração e sua mente calmos e equilibrados.

- Acender uma vela: Há algo muito calmante e espiritual em acender uma vela. É um gesto especialmente adequado para quem pratica a magia de lareira, já que a chama é tão simbólica nessa prática. Experimente escolher um castiçal especial e colocá-lo no santuário da cozinha ou em algum lugar específico do cômodo, e acender a vela antes de começar a trabalhar. Lembre-se da segurança quando escolher onde colocá-lo. Ao acender a vela, visualize ou fale em voz alta dando boas-vindas à essência da chama e à bênção que ela transmite ao seu lar. Se as velas não te atraem, ou se preferir tentar algo diferente, consulte a seção a seguir sobre lamparinas a óleo.

## Lamparinas e chamas sagradas na cozinha

Como a chama é uma das representações mais comuns do sagrado, sobretudo em caminhos espirituais relacionados ao lar, acender uma vela ou outro tipo de chama é algo natural quando se deseja ter uma representação física da sua lareira espiritual na cozinha. Conforme mencionado no Capítulo 2, uma chama eterna é mantida em muitos templos, igrejas e santuários significando a presença do Divino.

As velas são lindas, mas precisam ser substituídas com frequência; e o calor da cozinha, bem como as correntes de ar criadas pelo calor, podem fazer com que elas queimem de maneira irregular ou até mesmo danifiquem a vela, dependendo do local em que for acesa. Além disso, a chama exposta pode deixá-la nervosa. Uma boa solução para esses problemas é usar uma lamparina a óleo, como um lampião de cúpula ou alguma variação (também conhecidos como lampiões a querosene ou parafina). Lampiões como esses são alimentados por óleo líquido contido na base. Um pavio de pano ou outra fibra corre do óleo até o pescoço do lampião, e a chama queima na ponta do pavio. O combustível é sugado o tempo todo pelo pavio por meio da ação capilar. Em geral, a chama de um lampião a óleo é protegida por uma cúpula de vidro, que permite que a luz seja vista e distribuída no ambiente e ao mesmo tempo protege a chama das correntes de ar. A altura da chama pode ser ajustada girando um pequeno parafuso que levanta e abaixa o pavio, aumentando ou diminuindo o tamanho do pavio exposto acima do combustível na base.

Há outro tipo de lampião que, às vezes, é chamado de lâmpada do Aladim, mas o nome mais correto é *dipa*. A *dipa* (literalmente "lâmpada") é uma lamparina hindu a óleo formada por um prato ou tigela de cerâmica, de formato ligeiramente oval, com uma ponta alongada formando um pequeno canal aberto em formato de bico de chaleira; através dele é inserido um pavio de algodão retorcido que puxa o óleo da tigela para alimentar a chama que queima na outra extremidade do pavio, na borda do bico. Muitas vezes, existe uma alça na outra extremidade da parte oval. Nos templos, as *dipas* podem ser impressionantes artefatos de bronze em forma de candelabro onde se apoiam essas lamparinas no lugar das velas, com um pavio em cada ponto. As lamparinas tipo *dipa* que queimam azeite ou outros óleos espessos não pegam fogo se forem inclinadas; o óleo apenas se espalha e a chama morre.

O tipo mais simples de lamparina a óleo pode ser improvisado com qualquer pires resistente ao calor e um pavio de barbante fino. Corte um pedaço de barbante com cerca de 7,5 centímetros de comprimento e dê um nó no meio. Corte o barbante até deixar 2,5 centímetros de um lado do nó e cerca de metade disso do outro lado. Usando uma tachinha ou alfinete, faça um pequeno furo em um quadradinho de papel alumínio medindo cerca de 6,5 milímetros; passe o barbante pelo furo de maneira que o nó fique por cima. Dobre as beiradas do papel alumínio um pouquinho para cima simulando um formato de prato. Apoie o quadradinho de papel alumínio em cima do óleo no pires, com o lado que tem o nó para cima. Antes de acender, espere alguns minutos para que o barbante absorva o óleo. Apare esse pavio conforme necessário para evitar fumaça e obter a melhor chama.

## Crie sua própria lamparina

Você pode criar uma lamparina aproveitando qualquer tipo de recipiente feito de material não inflamável. Fazer sua própria lamparina é uma oportunidade de projetá-la para refletir os objetivos espirituais para os quais vai usá-la. Experimente fazer seu próprio pires em argila, trabalhando-a no estilo ou formato que deseje ou seja inspirada a moldar. Seque-o, passe uma cobertura para selar a superfície interna e queime-o em um forno para cerâmica. (Procure nas listas da sua cidade grupos de cerâmica ou lojas que prestam esse serviço ou que possam ajudá-la a fazer o prato no local. Talvez também haja na sua região ateliês que ofereçam oficinas ou aulas.)

Você pode testar os seguintes materiais na tentativa de encontrar o pavio perfeito para sua lamparina artesanal. Em todos os casos, certifique-se de que seu material seja 100% algodão e não contenha nenhuma mistura:

- Pavios de vela encerados (certifique-se de não haver fios de metal dentro)
- Carretéis de pavio trançado redondo ou quadrado para velas
- Enchimento de algodão, levemente retorcido em formato de pavio
- Barbante de cozinha feito de algodão

Mantenha um pires ou prato sob a lamparina se estiver usando uma cujo pavio fique apoiado na borda do recipiente; a ação capilar que alimenta o pavio pode causar o vazamento de óleo pela borda.

## Lamparinas a óleo e o Divino

Acender uma lamparina a óleo quando você trabalhar na cozinha é um jeito lindo de simbolizar sua percepção da presença do Divino. Você pode acendê-la sempre que for trabalhar ou logo no início da manhã. Por uma questão de segurança, é importante apagá-la antes de sair de casa. Ao fazer isso, diga uma prece ou uma frase simples como "Embora eu apague esta chama física, a chama espiritual continua a arder tanto no santuário quanto no meu coração". Repita toda vez que apagar a chama e diga algo semelhante quando a reacender ao retornar para a cozinha, como "Eu reacendo fisicamente esta chama sagrada, refletindo a chama espiritual que arde de forma contínua neste santuário e no meu coração".

Ao acendê-la pela manhã, é adequado fazer uma prece mais complexa. Algo neste sentido, por exemplo:

*Chama sagrada, símbolo de pureza e vida,*
*Eu a acendo agora e invoco sua sacralidade.*
*Desça sobre os membros desta família e sobre este cômodo.*
*Abençoe todas as pessoas que entrarem nele.*
*Conceda-nos paz, saúde, proteção e alegria.*
*Eu agradeço pelas muitas bênçãos, chama sagrada.*

No fim do dia, apague a chama. Esse gesto está associado à tradição de abafar a lareira e cercar os carvões e brasas para mantê-los vivos, mas protegidos, de modo que um fogo possa ser construído e aceso com facilidade na manhã seguinte (veja o Capítulo 2). Uma prece como a seguinte pode ser usada:

*Chama sagrada, símbolo de pureza e vida,*
*Apago sua forma física, mas nunca sua sacralidade.*
*Somos gratos pelas muitas bênçãos.*
*Mantenha nossa família e nossa casa seguras durante a noite.*
*Eu agradeço pelas muitas bênçãos, chama sagrada.*

## Cuidando da sua lamparina

A lamparina a óleo funciona como um lembrete visível da lareira espiritual. Cuidar dela pode ser um gesto gratificante que a envolve em atividades físicas ao mesmo tempo em que cumpre uma função espiritual. Aqui estão alguns aspectos que você precisa considerar no cuidado e funcionamento da sua lamparina.

O combustível básico usado em lamparinas a óleo é o querosene, um líquido claro e fino como a água, com um toque levemente oleoso. Geralmente é vendido em duas formas: querosene e óleo de parafina. O óleo de parafina puro é um querosene refinado que provoca muito pouca fuligem e odor, tornando-o uma boa escolha para lamparinas de pavio internas. (Não é uma forma líquida da cera de parafina.) Use sempre a forma mais pura de óleo que puder comprar ou encontrar, minimizando os derivados transportados pelo ar que podem ser perigosos para a sua saúde. Nunca use outros combustíveis ou óleos que não sejam designados para uso interno, pois os vapores gerados podem ser tóxicos. Evite comprar óleos de lamparina coloridos ou perfumados, pois respirar os vapores dos corantes e aromatizantes pode não ser tão seguro. Mantenha qualquer lamparina a óleo — assim como o combustível — longe do alcance das crianças.

> *Em geral, os óleos mais finos, com consistência e viscosidade semelhantes às da água, funcionam melhor em lampiões de chama coberta, enquanto os óleos mais espessos — como azeite e óleo de rícino — funcionam melhor em lamparinas tipo dipa.*

Uma lamparina a azeite é um equipamento especialmente adequado para esse fim, ao contrário daquelas que queimam parafina. Por que usar um combustível fóssil quando você pode queimar um óleo vegetal que provavelmente já tem na cozinha? Além disso, a queima do azeite pode ser vista como uma oferenda, o que combina muito bem com a ideia de oferendas aos espíritos da lareira. O azeite é mais viscoso do que o querosene, e a ação capilar que puxa o querosene para cima — a fim de alimentar a chama — em um lampião de chama coberta não é forte o suficiente para puxar óleos mais espessos. Portanto, se estiver pensando em usar um óleo mais espesso como combustível, considere usar uma lamparina tipo *dipa* ou o pires com pavio.

Fique atenta e mantenha o pavio aparado para que o óleo não grude nele e diminua ou interrompa a ação capilar. O azeite é transportado por muitos quilômetros de distância e, por esse motivo, você pode ter questionamentos éticos relacionados ao transporte e ao combustível gasto para levá-lo até você. Outros óleos vegetais também podem ser usados como combustível para lamparinas, com diferentes graus de sucesso e brilho da chama, como óleo de coco, óleo de rícino, óleo de palma e óleo de amêndoas. A manteiga clarificada era usada como óleo de lamparina na Índia, já que a cultura hindu considera a vaca um animal sagrado e, por isso, muitas vezes eram feitas oferendas de laticínios.

# Utilizando a magia de lareira para proteger o seu lar

*Capítulo 7*

Um dos principais focos da magia de lareira gira em torno da proteção, tanto de pessoas quanto de posses. O lar é a raiz da energia e da espiritualidade da sua família. Se você estiver trabalhando para honrá-lo, fortalecê-lo e torná-lo o mais pacífico e espiritualmente nutritivo possível para você e sua família, faz sentido protegê-lo de danos ou ataques. Proteção e purificação são dois dos conceitos mais importantes na espiritualidade caseira. Este capítulo concentra-se em como manter uma energia limpa e equilibrada no lar, limpar e purificar o ambiente, lidar com ameaças e construir defesas mágicas.

## Protegendo o seu lar espiritualmente

O bom senso determina que você defenda o seu lar fisicamente usando fechaduras seguras, cercas altas com portões trancados, sistemas de segurança, janelas trancadas e assim por diante. Depois que isso é feito, no entanto, há muitas outras coisas que você pode fazer para proteger o seu lar de forma espiritual.

Manter o controle da energia da sua casa é importante. A melhor maneira de fazer isso é familiarizar-se com a energia regular da casa para ter mais capacidade de identificar desvios, alterações ou áreas problemáticas que precisam ser resolvidas. Ter consciência da energia da sua casa é fundamental. Estar familiarizado com suas flutuações naturais, seus ciclos e suas respostas aos estímulos naturais e ambientais é um fator importante na identificação e no tratamento de complicações e problemas.

Faça questão de conhecer todos os cantos da sua casa, mesmo (ou talvez especialmente) as áreas que você não frequenta, como depósitos, cantos de garagem, sótão e assim por diante. Não se esqueça da área embaixo da casa, se houver, nem de pequenos sótãos acessíveis por alçapões ou escotilhas no teto de algum closet. Se você tiver um galpão ou anexo construído na lateral ou nos fundos da casa, conheça sua energia também. Caminhar fisicamente por esses espaços permite que você toque as energias deles com as suas, o que, por sua vez, te dá uma noção melhor de como são essas energias e permite que você interaja de forma direta com elas.

## Avalie a energia da sua casa

Este é um exercício que você pode fazer para ter uma boa noção geral de como é a energia da sua casa. É uma boa ideia realizá-lo todo ano ou até com mais frequência se você morar em um bairro movimentado, se houver muitas pessoas entrando e saindo da sua casa ou se houver muita agitação emocional no ambiente.

Para começar, faça uma lista de todos os cômodos e espaços de conexão dentro e diretamente adjacentes à sua casa. Percorra a casa e anote todos esses lugares. Essa caminhada vai ajudá-la a ver e a se lembrar de todos os cantinhos que, de outra forma, poderiam ser esquecidos. Você pode listar os principais cômodos da sua casa de cabeça — cozinha, sala de estar, quartos, banheiro —, mas, se andar de um para o outro, talvez perceba que esqueceu o corredor, a escada para o segundo andar ou a entrada entre a porta da frente e o vestíbulo, entre outros.

Não se esqueça de armários usados apenas como depósitos, despensas e armários de roupas de cama também. Todos esses espaços são separados e têm funções distintas. Se você tiver uma casa em plano aberto ou um cômodo grande separado em espaços por função, como uma sala de estar que tem uma escrivaninha, uma mesa de costura e uma área de TV, divida o cômodo por espaço na lista (escreva "sala de estar: TV", "sala de estar: área de costura"). É importante entender a função que cada cômodo da casa desempenha, pois isso afeta a energia gerada e mantida dentro dele. Uma incompatibilidade entre a suposta função da sala e o propósito a que ela serve de fato também pode criar uma energia distorcida; explorar isso pode ajudá-la a reorientar a energia dos cômodos e afastar o que afeta negativamente a energia desejada.

Faça um gráfico como este:

1. Nome do cômodo:
2. Data:
3. Cômodos adjacentes:
4. Posição cardeal:
5. Uso:
6. Observações sobre a energia:
7. Sugestões ou recomendações:
8. Diversos:

Quando a lista estiver pronta, escolha um cômodo e volte lá. Repasse o gráfico item por item e faça suas anotações.

### Nome do cômodo e data

Parece óbvio, mas você vai guardar essas notas para consultar depois e, embora as coisas possam parecer frescas na sua mente agora, garanto que, depois de fazer isso, você não necessariamente vai se lembrar de quando fez. Depois da data, anote o clima, a fase da lua, o dia da semana, a hora do dia ou qualquer outra informação associada que considere interessante ou que possa afetar as leituras de energia que você vai fazer. É, ao mesmo tempo, um jeito de avaliar como você interage com a energia da casa e uma avaliação dessa energia. Pode ser útil ler essas anotações mais tarde e perceber que você não consegue fazer uma avaliação clara da energia quando a lua está cheia, por exemplo.

## Cômodos adjacentes e posição cardeal

Quando fizer suas anotações, não se esqueça de incluir os cômodos acima e abaixo do cômodo em que você está. A energia desses cômodos também afeta a energia do cômodo analisado. A posição cardeal ajuda a situar melhor o local. A sala está voltada para oeste ou nordeste? Isso pode ser importante se houver alguma coisa como um grande shopping center ou um corpo d'água em uma direção ou outra. São locais com grandes campos de energia que também podem afetar sua casa e geralmente têm um efeito maior nos cômodos mais próximos. Quando terminar, olhe para os cômodos adjacentes e veja que tipo de energia interage através da parede ou do chão. Se você mora em um apartamento, há boas chances de que seu vizinho não permita que você entre na casa dele para "sentir a energia" do cômodo adjacente à sua parede. Os apartamentos são um caso à parte. Parta do princípio de que a energia do outro lado seja neutra puxando para ruim e crie proteções e escudos de acordo. Melhor prevenir do que remediar.

## Uso

Este cômodo é usado para quê? Os cômodos têm o hábito interessante de se adaptar às necessidades da família, e o uso original muitas vezes é modificado conforme essas necessidades mudam. Primeiro, liste seu uso original (biblioteca? gabinete? escritório? sala de jogos?). Em seguida, liste o que realmente acontece no cômodo (jogar videogames? assistir televisão? passar roupas? fazer o dever de casa?). Às vezes, a energia de um cômodo é mais propícia para uma coisa diferente da que você planejou quando se mudou para a casa.

## Observações sobre a energia

Qual é a sensação do cômodo para você? Se ficar no meio dele e fechar os olhos, como isso o afetará emocionalmente? Você se sente relaxado? Tenso? Com raiva? Com sono? Agora abra os olhos e repare como se sente com o acréscimo das informações visuais. Anote ambas as impressões. Ande pela sala e veja se suas sensações mudam de um ponto para outro. Na energia geral de um cômodo, muitas vezes existem vários bolsões de energia mais fortes em um sentido do que em outro. Faça um mapa aproximado dessas sensações energéticas.

## Sugestões ou recomendações

As recomendações podem ser de natureza espiritual, mágica ou física. É necessário mudar os móveis de lugar? Excluir um móvel? Acrescentar outro? Alterar o esquema de cores? Trocar um cômodo por outro a fim de aproveitar melhor as energias de cada local? É necessário adicionar uma energia elemental para equilibrar o excesso ou a falta de determinado elemento? É indicada uma purificação imediata para limpar a energia de algo negativo?

## Diversos

Use esse espaço para anotações que não se encaixem em outra categoria. Há algo no cômodo que precise de conserto? Um lembrete para si mesma? Reveja suas anotações. Você deve ter um esboço de como está a energia do local no momento em que foi analisada. Essa referência pode ser usada como base quando você sentir algo estranho ou diferente em casa.

# Estabeleça limites energéticos

Estabelecer barreiras ou limites energéticos é uma boa maneira não apenas de acompanhar o que está acontecendo com a energia da casa o tempo todo, mas também de controlar o tipo de energia que entra nela. A soleira da entrada é um ótimo lugar para criar uma barreira espiritual. Como um portal de entrada e saída natural da casa, ela pode servir de filtro ou bloqueio para energias indesejadas. As janelas também devem ser protegidas, pois são alternativas fáceis às portas.

## Ritual de proteção da soleira

A soleira da porta é um lugar mágico: não se encontra nem dentro nem fora da casa, mas faz parte de ambos os espaços. Usar a soleira como foco para um feitiço de proteção é uma defesa inicial. Este ritual não apenas limpa a soleira; também a capacita para funcionar como um filtro que permite a entrada da energia positiva, ao mesmo tempo em que mantém a energia negativa ou perturbadora do lado de fora.

Isso cria uma barreira protetora ancorada na soleira da casa. Se você tiver mais de uma entrada que é usada com frequência, realize o ritual na entrada mais utilizada e, depois, na entrada secundária.

Você vai precisar de:

    1 xícara de água

    1/2 xícara de vinagre

    1 colher de sopa de sal

    1 colher de sopa de suco de limão

    Tigela ou balde

    Pano de limpeza

    Bastão de sálvia (ou sálvia desidratada)

    Fósforos ou isqueiro

    Incensário ou prato refratário

    Óleo para selar (veja o Capítulo 11 ou use uma colher de sopa de azeite com uma pitada de sal)

    3 dentes de alho

1. Misture a água, o vinagre, o sal e o suco de limão em uma tigela ou balde. Lave a soleira e o batente da porta utilizando o pano e essa mistura. Seja minucioso: esfregue a soleira por dentro e por fora, bem como o batente e os dois lados da porta em si.

2. Acenda o bastão de sálvia e movimente-o pelo batente da porta, espalhando a fumaça de modo que ela toque na área interna e na externa. Apoie o bastão em um incensário ou prato refratário e deixe-o queimar enquanto você completa o ritual.

3. Mergulhe o dedo no óleo e desenhe uma linha contínua ao redor da parte externa do batente da porta. Mergulhe o dedo no óleo mais de uma vez se necessário, mas recomece exatamente de onde parou ou refaça uns dois centímetros da linha a fim de garantir sua continuidade. Ao desenhar a linha, diga:

*Nenhum mal ou doença pode cruzar esta soleira.*
*Venho por este meio impedi-los de entrar.*
*Minha casa é sagrada e protegida.*

4. Mergulhe o dedo no óleo de novo. Pelo lado de dentro da porta, toque com o dedo no canto superior esquerdo e trace uma linha no ar na direção do canto inferior direito até tocá-lo. Mergulhe o dedo no óleo mais uma vez; toque no canto superior direito e trace uma linha no ar na direção do canto inferior esquerdo até tocá-lo. Mergulhe o dedo pela última vez e toque no meio da verga acima da porta; desenhe uma linha vertical no ar até tocar no meio da soleira junto ao chão. Ao fazer isso, diga outra vez:

*Nenhum mal ou doença pode cruzar esta soleira.*
*Venho por este meio impedi-los de entrar.*
*Minha casa é sagrada e protegida.*

Esse símbolo é um hexefus, ou uma combinação das runas Isa (uma linha vertical) e Gebo (um X). Gebo representa as trocas de energia ou objetos materiais, enquanto Isa representa uma condição estática (que se traduz em "gelo").

Desenhadas juntas nessa combinação de runas, Isa "congela" o estado da sua casa e suas posses, protegendo-as de intrusões físicas e outras.

5. Toque em cada um dos três dentes de alho com o dedo umedecido no óleo. Enterre-os sob a soleira ou o mais próximo possível. Enterre um em cada extremidade do degrau ou soleira e um no centro. Ao fazer isso, repita pela última vez:

*Nenhum mal ou doença pode cruzar esta soleira.*
*Venho por este meio impedi-los de entrar.*
*Minha casa é sagrada e protegida.*

Se desejar, você pode adaptar este ritual e aplicá-lo às janelas também. Enterre um único dente de alho no solo sob cada janela.

## Proteções

Uma barreira é algo que protege ou defende. Quando usado em conexão com uma casa ou lar, "criar uma barreira" é estabelecer um sistema autônomo de proteção.

*Um aviso sobre barreiras de proteção: ao manter uma coisa do lado de fora, você também está mantendo uma coisa do lado de dentro. É saudável baixar barreiras e proteções de vez em quando a fim de permitir que aquilo que você prendeu do lado de dentro saia e areje o lugar.*

A advertência é que você deve verificar suas proteções de vez em quando. É como erguer um muro ao redor de uma cidade para defendê-la: se você não fizer uma caminhada regular e observar o estado do muro que construiu, ele pode desmoronar, enfraquecer, ser afetado pelo clima ou pelas trepadeiras. Não dá para construí-lo e ignorá-lo; ele precisa ser renovado de vez em quando. A frequência depende do tipo de bairro em que você mora.

## Construindo uma barreira

Esta é uma boa proteção básica para sua casa. Ela precisa ser renovada com frequência. Duas ou quatro vezes por ano é um bom começo; tente vincular a renovação às mudanças de estação. Caso sinta que a proteção foi comprometida de alguma forma, remova-a (veja a próxima seção) e refaça-a.

Você vai precisar de:

> 1 vela em um castiçal
> Fósforos ou isqueiro
> Pires com água
> Pires com terra (você pode usar sal, mas como ele será salpicado no chão, não é o recomendado)
> Incenso (de sua escolha)
> Incensário

1. Acenda a vela. Começando na soleira da porta, caminhe ao redor da casa pelo lado de fora carregando a vela à sua frente. Enquanto caminha, afirme:

   *Eu construo esta barreira com fogo.*

2. Repita a frase enquanto contorna a casa. Visualize o caminho que a chama traça no ar como um anel de energia. Quando retornar à soleira, deixe a vela de lado.

3. Pegue o pires com água e circunde a casa de novo, mergulhando os dedos na água e borrifando enquanto caminha. Ao mesmo tempo, afirme:

   *Eu construo esta barreira com água.*

4. Repita a frase enquanto contorna a casa. Visualize o caminho que a água traça no ar como um anel de energia. Quando retornar à soleira, deixe o prato de água de lado.
5. Pegue o pires com terra e contorne a casa de novo, sujando os dedos de terra e salpicando à sua volta enquanto caminha. Ao fazer isso, afirme:

*Eu construo esta barreira com terra.*

6. Repita a frase enquanto caminha ao redor da casa. Visualize o caminho que a terra traça no ar como um anel de energia. Quando retornar à soleira, deixe o prato de terra de lado.
7. Acenda o incenso e coloque-o no incensário. Pegue-o e contorne a casa outra vez, espalhando a fumaça ao seu redor enquanto caminha. Ao fazer isso, afirme:

*Eu construo esta barreira com ar.*

8. Repita a frase enquanto caminha ao redor da casa. Visualize o caminho que a fumaça traça no ar como uma faixa de energia. Quando retornar à soleira, deixe o incensário de lado.
9. De pé na soleira, estenda as mãos como se estivesse apoiando as palmas em uma parede. Visualize os quatro circuitos elementais que você criou fundindo-se, expandindo-se e formando um muro sólido de energia. Em seguida, visualize esse muro de energia descendo até o solo e se curvando até penetrar embaixo da casa. Visualize a parte de cima crescendo para o alto e curvando-se para formar uma esfera de energia que envolve a casa. Afirme:

*Fogo, água, terra e ar,*
*Protejam esta casa contra todos os sentimentos ruins e perigos.*
*Mantenham esta casa e todos os que nela moram em segurança.*
*Declaro esta proteção erguida e ativa.*

# Removendo uma proteção

Às vezes, uma barreira de proteção precisa ser desfeita. Se você se mudar, por exemplo, ou se a energia da casa mudar de maneira significativa (a inclusão de um novo membro da família ou inquilino, por exemplo, ou uma grande mudança profissional, ou uma alteração física da casa por meio de reforma ou acréscimo), a proteção original, programada para reconhecer e proteger determinada energia e entidade doméstica, pode se tornar menos eficaz. Dissolvê-la ou removê-la é um passo inteligente antes de recriar uma nova barreira. Em vez de tentar remodelar e adaptar o que você criou no início, libere a energia da barreira e comece do zero. Modificar a proteção antiga é desaconselhável porque ela tem alicerces em algo que, tecnicamente, não existe mais.

## Dissolvendo uma proteção existente

Para dissolver uma proteção existente, a partir da soleira siga caminhando no sentido anti-horário em torno da casa. Ao fazer isso, estenda a mão com a palma para baixo e visualize-a cortando a parede ou limite que você criou quando ergueu a proteção. Enquanto caminha, afirme:

> *Eu dissolvo esta proteção.*
> *Agradeço por sua proteção no passado.*
> *Eu a liberto com a minha bênção.*

Quando retornar à soleira, bata o pé nela para se livrar dos laços com qualquer energia restante da proteção anterior e diga:

> *Eu declaro esta proteção dissolvida.*

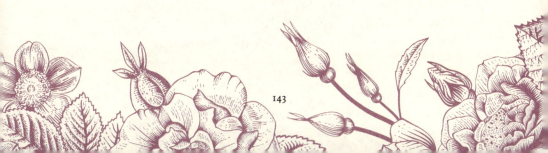

# Plantas, cristais e outras técnicas protetoras

Você também pode usar a energia de plantas e árvores vivas, bem como de cristais naturais, para proteger a casa.

## Árvores e plantas

Uma das coisas mais fáceis de fazer para aumentar a proteção de sua casa é plantar ao redor dela algumas árvores, arbustos e plantas associadas à defesa e à proteção. Se estiver pensando em plantar uma muda na sua propriedade, você pode escolher uma que tenha associações protetoras, ampliando assim o valor da árvore para a sua casa e o seu terreno. Se você já tiver uma dessas plantas no terreno ou perto de casa, apresente-se a ela e agradeça pela energia que ela emana.

- Pimenteira: combate energias pesadas
- Bétula: protege as crianças
- Alecrim: recupera o ânimo e a vitalidade, purifica e afasta pesadelos
- Manjericão: protege contra o mal e encoraja a abundância
- Carvalho: protege contra danos físicos
- Guiné: bloqueia energias negativas
- Espada-de-são-Jorge: protege contra o mal e as energias negativas
- Arruda: afasta o mau olhado e limpa o ambiente

Ao plantar uma árvore para proteção de sua casa, você pode fazer uma prece assim:

*Árvore sagrada [ou arbusto],*
*Conceda-nos sua proteção.*
*Que suas raízes nos protejam contra o mal que vem de baixo,*

*Que seus galhos nos protejam contra o mal que vem de cima.*
*Que suas folhas e sua sombra*
*Estendam sua proteção à nossa casa e à nossa propriedade.*
*Em troca, cuidaremos de você, árvore sagrada,*
*E a protegeremos contra a praga e a seca.*
*Árvore sagrada, nós a recebemos na nossa família.*

Se você não possui um terreno, mas há uma árvore nas proximidades que deseja considerar parte da sua casa e da proteção do seu lar, apresente-se passando um tempo sentado junto a ela. Conheça sua energia e decida se deseja incorporá-la ao seu trabalho. As árvores, assim como outros seres naturais, são criaturas vivas e podem ou não se sentir abertas a tomar parte em seus trabalhos. Depois de conhecer a energia da árvore por alguns dias, ofereça-lhe água e pergunte se ela está disposta a trabalhar com você como guardiã do lar. Confie a resposta à sua intuição.

## Utilizando cristais para proteção

Cristais e pedras preciosas costumam ser usados como objetos de proteção devido às energias e qualidades associadas a eles. Estas pedras, em especial, são muito boas para serem usadas na proteção da casa:

- **Âmbar:** saúde, evita o escoamento de energia, transforma energia negativa em energia positiva
- **Ametista:** absorve a energia negativa, promove a harmonia
- **Lágrima de apache:** incentiva a harmonia em momentos de estresse
- **Aventurina:** protege a prosperidade e a saúde
- **Cornalina:** sucesso, criatividade, protege contra pesadelos, equilibra emoções como a raiva e a tristeza
- **Hematita:** reflete a negatividade
- **Jade:** sabedoria, fidelidade
- **Lápis-lazúli:** harmonia, serenidade

- Malaquita: prosperidade, abundância, proteção
- Obsidiana: absorve energia negativa
- Ônix: felicidade, boa sorte
- Cristal de quartzo: transforma a energia negativa em positiva, fonte de energia para os que estão na casa
- Quartzo rosa: transforma a energia negativa em energia positiva, estimula o afeto
- Olho de tigre: estabilidade, riqueza

## Outras técnicas de proteção

A magia popular e os costumes culturais são um tesouro de técnicas de proteção. Aqui estão algumas a serem consideradas:

- Pinte símbolos mágicos nas paredes/tetos para uma finalidade específica, usando água salgada ou água com limão. Se tiver a chance de fazer isso antes de pintar um cômodo, faça-o com a mesma cor de tinta antes de pintar sobre ele.
- Percorra os limites da sua propriedade com fubá e água (separadamente), pedindo bênçãos e a amizade dos espíritos da terra para guardar e proteger os que vivem ali.
- Água salgada deixada no centro de um cômodo durante a noite absorve a negatividade. Na manhã seguinte, descarte o conteúdo do copo com água corrente na pia ou em um lugar ao ar livre.
- Pendurar um espelho em uma janela de cada lado da casa, voltado para fora, reflete a negatividade de volta para quem a enviou. Da mesma forma, pendurar uma bola de bruxa (um globo de vidro polido) na janela absorve e devolve a energia negativa.
- Sinos ou sinos dos ventos pendurados nas portas protegem contra intrusos e energia estagnada. Pendure-os onde as correntes de ar possam fazê-los soar. Eles criam movimento no ar e limpam a energia psíquica da casa.

- Pendure dentro de casa, de frente para a porta de entrada, um espelho energizado para refletir a energia negativa.
- Enterre pedras protetoras como ônix, malaquita ou ametista sob a soleira da porta, alpendre ou degraus.
- Lave a soleira da porta com água purificadora (veja o Capítulo 11).
- Pendure sinais hexadecimais[1] associados à proteção dentro e fora da casa.
- Pendure uma ferradura acima da porta, com a extremidade aberta voltada para cima.

## Purificando e limpando o seu lar

Para manter o equilíbrio energético da casa, estabeleça um número de vezes ao longo do ano para fazer limpezas, purificações e bênçãos. Não é necessário que sejam tarefas pesadas: assim como o trabalho doméstico físico, quanto mais frequentes forem, mais leve fica a carga de trabalho a cada vez.

Você pode preferir um cronograma variado. Por exemplo, você pode fazer uma purificação profunda duas vezes por ano (nos solstícios, talvez), com pequenas purificações no primeiro dia de cada mês, ou a cada lua cheia ou lua negra. Ou pode decidir fazer uma limpeza e bênção regular de nível médio a cada sabbat[2] ou feriado. Escolha um horário que funcione para você e que se adapte à sua programação com o mínimo de estranheza. Se preferir que seu trabalho espiritual ou energético seja associado às fases da lua ou aos dias sagrados, programe as purificações da casa para esses períodos. Depois, decida se vai fazer isso na véspera da data a fim de estar com a casa limpa e pronta para viver a energia do dia em questão; no próprio dia com a intenção de aproveitar a energia associada na sua purificação; ou

---

1     Sinais variados, que poderiam incluir flores e pássaros, usados pelos holandeses da Pensilvânia que acreditavam em suas propriedades mágicas. Assim, aplicavam os símbolos em seus celeiros a fim de garantir sucesso nas colheitas e fertilidade para o gado.
2     Também pode ser grafado como sabá ou sabat.

no dia seguinte, a fim de demarcar um novo início para as energias da próxima seção do ciclo. Como alternativa, talvez você funcione melhor seguindo o calendário regular; planejar uma purificação na mesma data todos os meses ajuda a manter o ritmo.

Não existe jeito certo ou errado. Faça o que faz sentido para você e o que parece certo. O objetivo é fazê-lo com regularidade — tanto quanto seu espaço exigir e sua programação permitir.

A frequência da purificação e da limpeza depende da energia da sua casa, que é um dos motivos pelos quais o exercício de avaliação anterior foi sugerido. Se sua casa recebe um tráfego intenso de visitantes ou situações emocionais pesadas, pode ser melhor purificar com mais frequência do que se você morar sozinho.

Você pode descobrir que certos cômodos respondem melhor a técnicas específicas. Tudo bem. Use a técnica que funcionar melhor no cômodo que você estiver purificando. Pode ser um pouco mais trabalhoso mudar de técnica se você estiver purificando a casa toda, mas no longo prazo é melhor para a energia geral da casa. O objetivo é ser o mais eficaz e eficiente possível; e, embora a mudança de técnica possa levar um pouco mais de tempo, ela proporciona um ambiente mais tranquilo, o que, por sua vez, afeta tudo que acontece nele.

## Técnicas de purificação

Existem dezenas de maneiras de purificar um cômodo e afastar a energia indesejada. Mas, primeiro, vamos falar sobre energia negativa *versus* energia indesejada. Há momentos em que uma energia é positiva, mas indesejada em um lugar específico. Por exemplo, a energia que acalma e promove o sono é um tipo de energia positiva, mas não é desejável em um *home office*, onde você precisa estar alerta e produtiva. Naturalmente, a energia indesejada também pode ser negativa.

Em geral, você se esforça para ter um ambiente o mais positivo possível em casa. No entanto, também existem energias que podem ser classificadas como "neutras a positivas" e que, por algum motivo, podem não ser adequadas para a atmosfera que você esteja tentando criar em um espaço específico. Por esse motivo, o termo *banir* não é usado aqui. Banir algo cria uma espécie de vácuo, um espaço vazio que deve e será preenchido com outra coisa. Se você banir alguma energia conscientemente, a lógica diz que você deve estar preparado para fazer uma substituição, de modo intencional, pela energia positiva. Mas banir uma energia neutra ou positiva não faz sentido, e por esse motivo os termos *transformar* ou *reprogramar* são mais adequados.

Se a energia negativa estiver ocupando um espaço que tenha uma vibração positiva natural, a absorção ou remoção da energia negativa geralmente vai resultar no retorno do equilíbrio positivo natural.

Algumas das técnicas a seguir são mais ativas do que outras. Por exemplo, defumar com ervas selecionadas é um processo mais ativo do que deixar uma cebola fatiada em um cômodo para absorver a energia indesejada.

Embora, no fundo, a maioria dessas técnicas trate da remoção da energia negativa, a maioria também pode ser programada intencionalmente para afetar outras energias.

## Defumação com sálvia e ervas

Muitas culturas utilizam uma técnica de purificação por meio da fumaça criada pela queima de matéria vegetal considerada sagrada ou honrada de algum jeito. O incenso é um exemplo. Defumar com sálvia é uma técnica nativa americana que se mostrou muito adaptável e eficaz para pessoas de qualquer tradição e caminho espiritual. Um maço de ervas secas é aceso e a chama se extingue, permitindo que a matéria vegetal seca se desfaça em brasas e produza uma fumaça com as suas próprias qualidades. Essa fumaça é facilmente espalhada pelo cômodo ou qualquer outro espaço, pode se infiltrar em cantos e fendas, e é capaz de envolver objetos. Também é menos provável que ela os danifique, ao passo que água ou chamas (dois dos outros purificadores popularmente conhecidos) podem estragá-los. O maço de ervas é conhecido como defumador ou bastão de defumação e pode ser carregado na mão com facilidade. O ato de envolver alguém ou alguma coisa com a fumaça é chamado de defumar. A defumação também pode ser feita esfarelando matéria vegetal seca sobre um tablete de carvão.

A sálvia é a erva original e mais popular para usar nesse sentido, mas existem outras ervas populares muito usadas, como cedro, alecrim e lavanda. Essas quatro ervas geralmente estimulam uma atmosfera calma com energia positiva. A sálvia e o cedro, em especial, são consideradas ervas sagradas nas tradições nativas americanas.

Não há maneira certa ou errada de fazer um bastão de defumação, mas aqui está uma orientação geral.

Para fazer um bastão:

1. Junte vários talos secos da(s) erva(s) escolhida(s).
2. Passe um pedaço de barbante de algodão natural não tingido sob uma das pontas do maço e comece a prender os talos, cruzando o fio por cima e por baixo do maço, amarrando-o em intervalos diferentes. Enrole-o com firmeza, mas não tão forte que os talos fiquem apertados; o ar precisa circular pelo maço a fim de manter um lento processo de combustão.
3. Amarre as pontas do barbante com firmeza na extremidade oposta do maço. Enrolar e amarrar o bastão dessa maneira permite que ele permaneça amarrado quando você começar a queimá-lo e quando o barbante da extremidade terminar de queimar. Não se preocupe se pedaços da erva seca escaparem enquanto você estiver enrolando o bastão.

Outros aspectos para lembrar ao fazer um bastão:

- Talos muito grossos não queimam bem; talos muito finos quebram ao enrolar o maço.

- Não faça um maço que tenha mais de quatro centímetros de diâmetro depois de enrolado e amarrado; vai ser difícil mantê-lo queimando.
- Um bastão de diâmetro menor do que 1,5 centímetro talvez seja muito frágil.
- Se preferir, você pode colher suas próprias ervas frescas, enrolá-las e, em seguida, pendurar o maço em um local bem ventilado para secar bem. O bastão deve estar completamente seco antes de ser usado, ou não queimará da forma correta. Observe-o com cuidado durante o processo de secagem a fim de garantir que o maço não desenvolva bolor.

## Como fazer uma defumação

Quando fizer uma defumação, faça-a com intenção, sensibilidade e respeito pelo ato enquanto visualiza seu objetivo. Você pode ou não fazer uma breve prece ou invocação antes de começar, conforme achar necessário. Algo simples como "Sálvia (ou qualquer erva ou combinação de ervas que esteja usando), eu invoco a sua energia sagrada para purificar este ambiente" pode funcionar. Acenda uma das pontas do bastão encostando-a em uma chama e verifique se o fogo pegou bem antes de soprá-lo suavemente. As pontas das ervas secas ainda devem estar vermelhas e soltar fumaça. O ar precisa se movimentar pelo bastão para mantê-lo fumegante, e você pode facilitar o processo abanando devagar a fumaça com a mão livre. Esse movimento também permite o direcionamento da fumaça para os cantos e ao redor dos objetos. Também é possível usar uma pena. Se você carregar o bastão pelo cômodo, pedaços de matéria vegetal em brasa vão cair no chão. Os bastões costumam ser apoiados em um recipiente refratário, como uma concha, uma tigela de barro (cerâmica ou argila não vitrificada funcionam bem) ou uma pedra com uma área côncava, evitando que esses pedacinhos caiam.

*A defumação também pode ser usada para purificar um objeto antes do uso ou para limpar a energia acumulada em um utensílio.*

Não é necessário usar o bastão inteiro. Você pode apagá-lo em uma tigela de sal ou areia, verificando bem se apagou por completo, e embrulhar em papel alumínio ou guardá-lo em um saco de papel até a próxima defumação.

## Queima de incenso

Assim como a defumação, queimar incenso libera uma fumaça que carrega a energia dos seus ingredientes. O objetivo é fazer com que a energia se movimente e possa se dispersar com facilidade. Você poderia apenas salpicar as ervas ao seu redor, mas a gravidade provavelmente dificultaria o acesso aos bolsões mais altos de energia que estiver tentando movimentar.

Você pode usar incenso comprado pronto com um aroma ou fórmula feito especificamente para purificação ou pode usar um aroma puro associado a esse fim. Cedro, sálvia, lavanda e olíbano são aromas únicos muito usados para purificar; misturas rotuladas como "Purificação" quase sempre incluem essas essências. O incenso comprado pronto, em geral, vem em formato de vareta ou cone.

O incenso em vareta pode ser feito de duas maneiras: enrolado (uma mistura úmida de ingredientes é enrolada em forma de cilindro fino, às vezes em torno de uma vareta fininha para dar suporte, e depois é só esperar secar) ou mergulhado (uma varetinha nova com uma pasta neutra moldada ao redor é mergulhada em uma solução de óleos). O incenso em formato de cone, assim como o incenso enrolado, é feito de uma pasta de ingredientes e depois moldado. Varetas e cones são autocombustíveis, o que significa que não precisam de um tablete de carvão para queimá-los. Ao acender a ponta de uma vareta ou um cone, esperar até a ponta ficar vermelha e depois soprar suavemente a chama, o incenso vai queimar sozinho. Varetas e cones são convenientes e não exigem nada além de uma tigela com sal ou areia para queimá-los e recolher as cinzas, embora incensários (também conhecidos como queimadores de incenso) sejam fáceis de encontrar. Os incensários para varetas geralmente são pedaços longos e curvos de pedra ou madeira, com orifícios minúsculos em uma das extremidades nos quais as varetas são inseridas, mantendo a vareta em um ângulo de forma que as cinzas caiam no queimador.

### Incenso solto

O incenso solto é literalmente isso: uma mistura de matéria vegetal e/ou resina moída ou picada de grosseiramente, que deve ser queimada sobre um tablete de carvão a fim de liberar a energia na forma de fumaça. Este é o tipo mais fácil de se produzir em casa — pode ser feito em quase qualquer proporção, e utiliza ingredientes que talvez você já tenha na sua despensa ou armário de temperos, pois são muito simples.

Aqui estão algumas ervas de cozinha comumente encontradas que você pode usar em um incenso purificador:

- Canela
- Cravo
- Alecrim
- Sálvia
- Tomilho

Talvez seja possível encontrar alguns ingredientes no seu jardim, como lavanda e rosas, que podem ser secas e, logo depois, acrescentadas ao incenso. Como alternativa, você pode usar o óleo essencial de qualquer um desses ingredientes: adicione algumas gotas aos ingredientes secos e misture bem.

Queimar ervas secas nunca tem o mesmo aroma do óleo essencial ou da própria erva seca em um frasco. Na verdade, pode ter cheiro de folha ou grama queimada, o que nem sempre é agradável. Para compensar, você pode adicionar resinas, pois elas tendem a ter um aroma mais doce do que a matéria vegetal seca. Você vai precisar comprar as seguintes resinas, mas elas podem tornar seu incenso ainda mais especial:

- Olíbano
- Benjoim
- Copal dourado

Para testar o incenso, você vai precisar de um tablete de carvão e de uma tigela de sal ou areia para queimá-lo. Acenda o tablete de carvão segurando a ponta contra uma chama. (Tome cuidado; ele pode pegar fogo rapidamente. Você pode usar uma pinça para manuseá-lo com segurança.) Quando o carvão começar a brilhar, coloque-o na tigela de sal ou areia. O carvão estará pronto quando as faíscas terminarem de percorrer a superfície do tablete e ele começar a apresentar manchas vermelhas. Coloque uma pitada do seu incenso sobre o carvão. Observe como ele reage para que você esteja preparada quando for usá-lo em uma quantidade maior pela primeira vez. Não coloque mais do que uma colher de chá de incenso solto sobre o tablete de carvão de cada vez, ou você pode abafá-lo e ter de abrir a janela para liberar um pouco da fumaça! É uma boa ideia ter à mão uma tigela a mais de areia para despejar em cima do tablete caso precise apagá-lo rapidamente. Tome cuidado, às vezes o carvão continua a queimar. Para ter certeza de que foi apagado, despeje água sobre ele.

### Incenso purificador

Fazer seu próprio incenso purificador significa que você vai usar o tipo exato de energia que deseja na sua casa. E, quando você fizer isso com intenção e consciência claras, estará acrescentando uma dimensão extra de energia pessoal ao processo, conectando-o à sua casa, família e prática espiritual. Aqui está uma receita básica de incenso purificador solto.

Você vai precisar de:

1 colher de chá de resina de olíbano
1 colher de chá de resina de copal
Almofariz
Frasco ou pote pequeno de vidro com tampa
1/2 colher de chá de lavanda seca
1/2 colher de chá de alecrim
1 pitada de cravo-da-índia moído

1. Coloque as resinas de olíbano e copal no almofariz. Processe suavemente a resina com o socador. Transfira para o pote. Se sobrar algum resíduo no almofariz, raspe com cuidado e acrescente ao potinho. A resina tende a derreter se você socá-la com muito entusiasmo e pode grudar no almofariz. Seja delicado e não pense que precisa reduzir os fragmentos a pó. Pedacinhos menores que os grânulos da resina original já servem.
2. Coloque a lavanda e o alecrim no almofariz. Moa tudo em pedaços menores e transfira para o pote.
3. Acrescente a pitada de cravo-da-índia moído à mistura.
4. Tampe o potinho e agite com suavidade para misturar todos os ingredientes.

## Técnicas populares de purificação

A tradição e o folclore oferecem dezenas de maneiras de limpar a má sorte, as energias negativas, os sentimentos ruins e as vibrações prejudiciais e indesejadas dos cômodos e outros lugares. As técnicas de purificação comuns e populares incluem:

- Queimar velas
- Deixar uma fatia de cebola em uma tigelinha no centro do cômodo para absorver a energia negativa
- Deixar uma fatia de limão em uma tigelinha no centro do cômodo para absorver a energia negativa

- Deixar uma tigela d'água no centro do cômodo para absorver qualquer energia indesejada
- Programar cristais para absorver energia indesejada
- Borrifar o local com água salgada
- Borrifar o local com água de ervas (as ervas são deixadas de molho na água por um tempo específico; a água é então coada e aspergida com os dedos ou um borrifador)
- Espalhar sal no cômodo (e aspirar depois)
- Polvilhar ervas em pó ou moídas no cômodo (e aspirar depois)
- Dispersar no ar os aromas de óleos essenciais usando um dispositivo para aromaterapia
- Pendurar ramas de alho ou cebola na cozinha para absorver a energia negativa

# Ritual de purificação de um cômodo

É importante observar que termos como *purificar*, *limpar* e *abençoar* muitas vezes são usados de forma intercambiável, mas significam coisas ligeiramente diferentes.

- *Limpar* algo significa remover a sujeira física com a intenção de remover qualquer influência energética associada.
- *Purificar* algo significa remover a energia negativa ou indesejada.
- *Abençoar* algo significa infundir o objeto ou local com energia positiva influenciada por ou originária das forças do Divino.

### Ritual básico de purificação de um cômodo

Este é um ritual de purificação genérico que pode ser usado conforme descrito ou como base para você criar o seu.

Você vai precisar de:

Material de limpeza (conforme necessário)
Incenso (vareta ou solto) ou bastão de defumação
Tablete de carvão (se for usar incenso solto)
Incensário ou tigela refratária
Sal ou areia (se for usar uma tigela para o incenso)
Vela (branca ou da cor de sua escolha)
Castiçal
Fósforos ou isqueiro

1. Comece limpando fisicamente o ambiente. Arrume o cômodo. Coloque tudo em seu lugar ou devolva os objetos aos seus lugares certos em outros cômodos. Em seguida, aspire, varra, espane, dê polimento — faça o que for preciso para remover a sujeira física. Seja minuciosa até onde achar necessário.

2. Purifique o cômodo queimando uma colher de chá do seu incenso purificador preferido (ou use a receita deste capítulo) sobre um tablete de carvão. Como alternativa, use uma vareta de incenso purificador ou um bastão de defumação (feito em casa ou comprado). Ao acendê-lo, diga:

*Eu acendo este incenso para purificar este espaço.*

3. Coloque a tigela ou o incensário no meio do cômodo e deixe a fumaça preencher o espaço. Usar mais incenso não é necessariamente melhor; uma única colherzinha pode gerar muita fumaça, dependendo da mistura que você estiver usando. Não se esqueça de testar a mistura com antecedência. Se preferir, você pode caminhar pela sala no sentido anti-horário para ajudar a espalhar a fumaça por todo o ambiente. O movimento anti-horário está associado a banir ou desfazer algo.

4. Permita que o incenso purifique o cômodo pelo tempo que achar necessário. Isso pode levar de alguns minutos a algumas horas. Não se preocupe em manter o incenso aceso o tempo todo; deixe as energias liberadas pela colherada ou

pelo bastão fazerem seu trabalho. Se sentir que vai demorar mais do que o tempo inicial de queima, verifique o cômodo ou espaço depois de uma hora (ou depois que o incenso acabar de queimar, ou a fumaça já tiver se dissipado) para avaliar se é necessário queimar mais incenso ou complementar com outra técnica de purificação.

5. Quando o espaço parecer purificado, acenda a vela e posicione-a no centro do cômodo, dizendo:

*Eu acendo esta chama para abençoar este espaço.*

6. Deixe queimar até o fim.

Se você pretende purificar um espaço pela primeira vez — ou pela primeira vez em muito tempo —, faça as três coisas nesta ordem. Comece limpando o cômodo, depois purifique-o e, por fim, peça ao Espírito, ao seu conceito do Divino, ou à sua lareira espiritual para abençoá-lo. Nos rituais de manutenção, menos intensos, você pode optar por fazer apenas a purificação. Para um toque de energia espiritual conforme o seu humor ou a sua vontade, o ideal é fazer a bênção.

## Manutenção da energia na sua casa

O termo *ordem* sugere um arranjo específico, não só arrumação, e essa é uma parte essencial do processo de manter sua casa harmoniosa. O tipo de energia criada pela interação da sua mobília e dos seus pertences pode ser mudado ou afetado reorganizando-os ou alterando o conteúdo de um cômodo. Os objetos têm energias próprias em diferentes graus e, juntos, criam uma energia coletiva maior. Adicionar ou subtrair à energia coletiva pode influenciar a atmosfera de um cômodo.

O fluxo de energia dentro de um cômodo é importante. Muitas vezes, um ambiente não é acolhedor porque a energia ali dentro não flui; em vez disso, está estagnada. Se você não perceber como isso acontece (seja por detecção deliberada de energia ou por um sentimento vago em relação ao cômodo), tente ficar na porta do cômodo e olhar para dentro. Para onde seus olhos são atraídos de imediato? Que caminho eles traçam se você não os virar deliberadamente em uma direção ou outra? Há boas chances de que esse também seja o caminho que a energia do cômodo percorre. Se os seus olhos não se movem de maneira natural pelo cômodo, a energia provavelmente também não. Se houver uma área não utilizada, apesar de ter cadeiras ou outros móveis e equipamentos, o fluxo de energia pelo cômodo pode não chegar até ali ou estar bloqueado por alguma coisa.

Para atrair ou encorajar certos tipos de energia, coloque objetos ou símbolos associados em áreas importantes. Isso pode levar a um grande rearranjo ou ser algo discreto. Você pode colocar pequenas imagens que carreguem ou representem a energia desejada em cantos ou nichos: uma pequena imagem de uma abelha em um canto "morto", por exemplo, pode ajudar a mantê-lo vibrante, pois a abelha é um símbolo de atividade, comunidade e indústria.

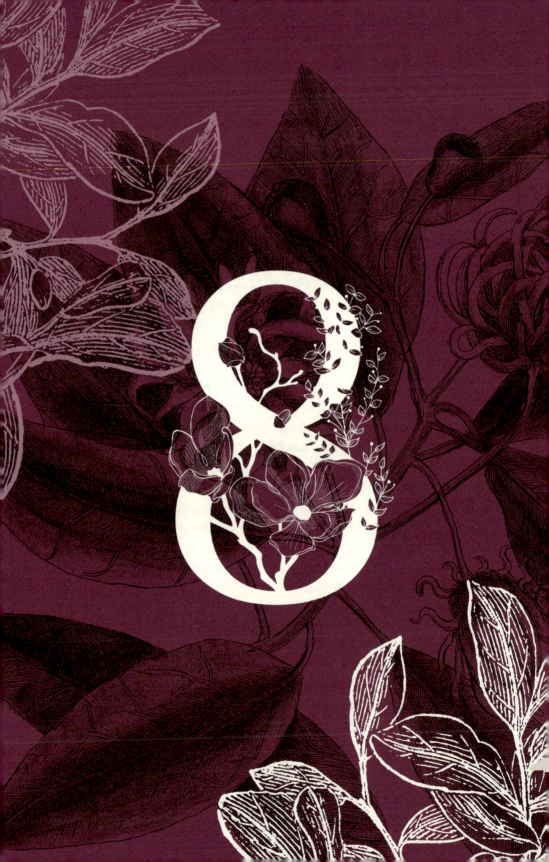

# Magia na lareira

*Capítulo 8*

No caminho mágico doméstico, a magia é uma forma de atrair de maneira consciente a energia da lareira espiritual para intensificar a atividade em que você esteja engajada. Em muitos caminhos, as práticas mágicas e espirituais são separadas; mas, na magia de lareira, a atividade mágica apoia a atividade espiritual e se baseia nela. Visto que grande parte da magia de lareira gira em torno do amor, do fortalecimento e da proteção do que você considera sagrado, os objetivos positivos devem ser os únicos vislumbrados.

Outro jeito de ver a magia dentro do contexto do caminho mágico doméstico é como um tipo de transformação, uma tarefa realizada com a intenção de entrelaçar as energias a fim de iniciar algum tipo de mudança, rejuvenescimento ou crescimento espiritual. Tendo isso em mente, este capítulo analisa o folclore e os costumes da cozinha, e as energias associadas aos utensílios encontrados e usados nela.

# A magia dos objetos cotidianos

Todos os objetos com os quais você trabalha têm suas próprias energias. Vamos dar uma olhada nos materiais comuns encontrados na cozinha e nas energias mágicas associadas a eles a fim de ajudá-la a entender como eles contribuem para a energia da sua casa. Ter consciência dessas energias significa que você pode incorporá-las ativamente no seu trabalho espiritual e tirar proveito dos seus benefícios.

## Metais

Os antigos conheciam sete metais principais. Cada um deles era associado a um planeta (que, por sua vez, já tinha sido associado a uma deidade) e a cada um foi designado um conjunto de associações e correspondências afins. Os sete metais dos antigos eram ouro (associado ao Sol), prata (Lua), mercúrio (Mercúrio), cobre (Vênus), ferro (Marte), estanho (Júpiter) e chumbo (Saturno). Muitos desses metais ainda hoje são usados nas casas e estão listados aqui junto das energias associadas a eles.

### Ferro e aço

O ferro é um dos elementos mais comuns encontrados na Terra e é considerado necessário para a vida da maioria dos organismos vivos, mas em quantidades ínfimas. O ferro fundido, uma das suas formas mais comuns encontradas na cozinha, é feito de ferro, carbono, silício e vestígios de manganês. O aço é outra forma comum de ferro, ligado ao carbono para fortalecê-lo e endurecê-lo, junto de outros oligoelementos, como o tungstênio. Na magia, acredita-se que o ferro desvia a energia mágica e psíquica e aumenta a força física, tornando-o uma escolha comum na confecção de amuletos e talismãs de proteção, ou usa-se a limalha de ferro no enchimento dos amuletos e gris-gris.[1] Pessoas de várias culturas carregam pregos,

---

[1] É um amuleto, originário da África, usado para trazer sorte e proteger o usuário. Consiste em um pequeno saco de pano, inscrito com versos do Alcorão e contendo pequenos objetos usados em rituais.

chaves e outros itens de ferro como talismãs de proteção e defesa. Pregos de ferro costumavam ser martelados sobre portas e janelas a fim de evitar a entrada de espíritos malignos.

Se estiver procurando um jeito de incorporar o ferro ao seu trabalho mágico ou espiritual e não quiser usar panelas ou utensílios, uma hematita é uma excelente alternativa. A hematita é um metal cor de peltre usado em trabalhos mágicos para aterramento e proteção. As magnetitas, pedras que contêm ferro e apresentam uma carga magnética, também são usadas em trabalhos mágicos para atrair determinada energia para elas e para o portador, ou para desviar certas energias. Tanto a hematita quanto as magnetitas presentes em seu altar ou santuário vão emprestar energias à sua lareira espiritual. Como alternativa, você pode comer alimentos ricos em ferro, como frutas secas, vegetais verde-escuros, nozes, grãos integrais e carne vermelha, entre outros.

O ferro e o aço são usados magicamente para defesa, proteção, aterramento, força, energia, força de vontade e coragem.

## Cobre

O cobre é um excelente condutor, e as panelas e frigideiras costumam ser feitas inteira ou parcialmente desse metal. Por tradição, o cobre é associado a Vênus, a deusa romana do amor e da beleza. Ele revitaliza, refresca, é associado à cura, equilibra as energias de entrada e saída e também é associado à atração de dinheiro. O cobre é um condutor elétrico, e da mesma forma também conduz a energia mágica. É um excelente metal para se ter na lareira e na casa, pois aumenta energias de harmonia, abundância e atração de vibrações positivas.

Magicamente, o cobre pode ser usado para trabalhos relacionados à gentileza, fertilidade, paz, harmonia, empreendimentos na área de artes e amizades.

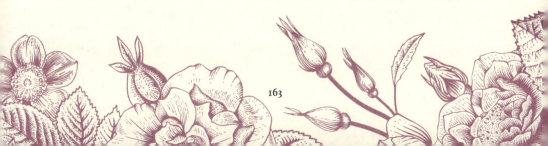

### Alumínio

Um dos metais mais abundantes na Terra, o alumínio é naturalmente encontrado em várias pedras, como granadas e estaurolitas. O alumínio, em geral, é anodizado para ser usado em tachos e panelas. Trata-se de um metal muito denso, apesar de sua leveza.

Como um dos metais mais recentes, ele não tem tantas associações mágicas quanto os metais clássicos, como o cobre ou o ferro. As associações modernas são com viagens, comunicação e outros assuntos ligados à atividade mental. Como o alumínio é muito resistente à corrosão, também pode ser usado para aumentar a persistência ou permanência e para resistir a mudanças não benéficas.

### Estanho e peltre

O estanho é encontrado com mais frequência sob a forma de peltre. O peltre moderno é uma liga de estanho com antimônio, mas o peltre mais antigo era uma liga de estanho com chumbo e cobre. Utilizado para fazer xícaras, pratos e outros utensílios domésticos, o peltre também é muito usado na fabricação de pequenas estatuetas e joias. (Curiosamente, o peltre mexicano é, na verdade, feito de uma liga de alumínio com outros metais, não estanho.)

As associações mágicas do estanho e do peltre incluem sucesso nos negócios, questões judiciais, sabedoria, crescimento, sucesso, cura e abundância.

## Porcelana, cerâmica e louça de barro

Esses materiais são todos feitos a partir de uma base de argila ou argila de caulim, além de vários outros materiais adicionados para criar determinados efeitos. Em geral, são vitrificados para torná-los impermeáveis. A argila é um material da terra e, portanto, esses itens carregam as associações básicas de abundância, estabilidade e fertilidade.

## Vidro

O vidro é basicamente dióxido de silício derretido e fundido junto de vários minerais a fim de proporcionar estabilidade. O pirex contém boro; o vidro ou cristal de chumbo contém chumbo para aumentar a refração da luz e causar um efeito cintilante. O dióxido de silício é encontrado na forma natural como areia ou quartzo, ambos também associados ao elemento terra e, portanto, às energias de estabilidade e abundância. A categoria dos quartzos abrange muitos cristais usados com frequência na prática novaerista, como ágata, jaspe e ônix, bem como os cristais translúcidos comumente chamados de quartzo. Em geral, os quartzos são associados à energia, à cura e à proteção, entre outras associações no caso de cristais específicos.

## A ética da magia na cozinha

Cozinhar é uma atividade criativa. Também é uma das atividades mais comuns na cozinha moderna e, portanto, um dos métodos mais naturais pelos quais você pode expressar sua espiritualidade e praticar a magia de lareira para o bem da família e da casa.

Isso traz à tona a questão da ética. Esse assunto foi levantado no Capítulo 1 com a discussão sobre os valores e como eles podem ajudá-la a definir sua espiritualidade caseira. Agora, vamos discutir a questão eticamente complexa e confusa de cozinhar para outras pessoas com intenção espiritual e/ou mágica.

Em religiões modernas como a Wicca, geralmente se aceita que tentar afetar outra pessoa por meio de magia ou outros meios sem seu conhecimento ou consentimento é uma violação de privacidade e expressão do livre-arbítrio; e que a prática de feitiços ou rituais destinados a mudar o status ou a perspectiva de alguém sem o consentimento da pessoa é algo muito ruim. Existem outros caminhos de magia que não funcionam sob esta restrição moral específica. A magia de lareira, no entanto, não é especificamente baseada na magia nem é uma religião. Ela não visa à alteração deliberada da posição ou status de um indivíduo para ganho ou benefício do praticante ou mesmo do indivíduo que será afetado. O que a magia de lareira faz, entretanto, é aproveitar ao máximo uma janela de oportunidade para, de maneira geral, transmitir desejos de paz, saúde e felicidade.

Como isso difere de tentar manipular alguém com magia? Bem, para começar, infundir sua atividade na cozinha com energia positiva canalizando o amor Divino por meio da sua lareira espiritual, ou convidar a energia positiva para a sua casa, não é manipular os moradores, visitantes ou convidados. Se você preparar as refeições com um amor indefinido, aqueles que consumirem os alimentos e esse amor receberão os benefícios à sua maneira. O importante a ser lembrado é que, ao servir uma refeição preparada com amor, aqueles que a comem têm a oportunidade de absorver a energia que a intensifica junto da energia fornecida por seu componente físico. Isso não é automático. A energia pessoal de cada um tem a opção de aceitar ou não a energia amorosa proporcionada pela refeição ou pela casa.

*Se você faz um bolo para alguém de quem gosta, mas com a intenção de criar um feitiço de amor e fazer a pessoa se apaixonar por você, isso é manipulação e interferência. Se você faz um bolo para alguém de quem gosta, mas com a intenção de assar o melhor bolo possível, na esperança de que a exibição das suas habilidades culinárias impressione a pessoa e talvez possa contribuir para seus sentimentos gerais de admiração por você, isso não é interferência.*

Talvez isso pareça insignificante. O que importa, no entanto, é que você não esteja tentando manipular ninguém ao fazer uma comida com amor.

Então, como você deve usar a intenção espiritual ou mágica na cozinha? Bem, para começar, você pode usar rituais (e aqui a palavra ritual é usada no sentido de breves preparações mentais e espirituais antes de começar) para ajudar na evolução de suas habilidades culinárias. Você pode atrair o máximo de energia de sucesso e encorajamento da sua lareira e direcioná-la para a comida que prepara. Pode usar a atenção plena (veja o Capítulo 6) e invocações para melhorar sua capacidade de planejar, preparar, cozinhar e servir refeições (veja o Capítulo 10). E, acima de tudo, você pode cozinhar com intenção, tendo em mente o objetivo de cuidar daqueles que vão consumir a refeição. O Capítulo 9 analisa a relação entre alimentos e espiritualidade de um jeito mais profundo.

## Folclore da cozinha

Um dos aspectos divertidos de pesquisar sobre os costumes caseiros é descobrir as tradições e folclores associados à atividade doméstica. Aqui está uma série de costumes domésticos que você pode adotar na tentativa de ampliar a consciência da natureza espiritual da atividade realizada no lar.

- Mexa o conteúdo de panelas e tigelas no sentido horário para atrair positividade ou no sentido anti-horário para banir as energias negativas. Use um ou outro de acordo com as necessidades da sua casa ou da sua família no momento.
- À mesa, passe os itens no sentido horário para manter a energia harmoniosa.
- Se desejar eliminar a energia negativa da casa, limpe-a começando pela porta dos fundos e percorra os cômodos no sentido anti-horário até voltar à porta dos fundos; em seguida, varra ou esfregue empurrando os resíduos para fora da porta e da soleira.
- Para atrair energia positiva, limpe os itens no sentido horário. Isso inclui espanar, passar pano e esfregar, bem como limpar bancadas e lavar pratos.
- Desenhe um símbolo espiritual que tenha significado para você (seja cultural, religioso ou algo que você mesma tenha desenhado) com água salgada nas janelas da casa e nas portas da frente e dos fundos. Pinte esses símbolos com esmalte de unha transparente se quiser um efeito um pouco mais duradouro.

- Se desejar conectar ainda mais o ato de cozinhar à sua lareira espiritual, desenhe um símbolo espiritual no interior da panela ou tigela antes de usá-la. Uma chama estilizada é uma boa imagem para usar.

- Energize o sabão para purificar as energias negativas presas às roupas. A água tem um efeito purificador natural, mas fortalecer as substâncias de limpeza que você usa potencializa esse efeito. Faça o mesmo com os produtos de limpeza da casa.

- Diz-se que ficar sem sal traz má sorte para a prosperidade do lar. Mantenha um pacotinho de sal em algum lugar a fim de garantir que sempre haverá sal na casa. (Essa pode ser uma das origens do costume de levar uma garrafa de vinho, uma bisnaga de pão e um pacote de sal para os novos moradores de uma residência.)

- Pendurar tranças ou guirlandas de alho, cebola ou pimenta ardida mantém sua cozinha livre de energias negativas. Descarte-as na composteira a cada outono e pendure novas. Nunca as coma!

- Pendurar amarrados de milho indiano seco atrai prosperidade e abundância.

- Deixe uma cebola ou dente de alho do lado de fora, sob a janela da cozinha, para absorver qualquer energia negativa que tente entrar na casa. Você também pode deixá-los perto das portas da casa. Troque-os todo mês — ou com mais frequência se os antigos apodrecerem mais rápido.

# Utensílios de cozinha tradicionais

Os utensílios usados nos lares um século atrás não são mais os únicos à disposição de uma bruxa caseira! Hoje existem dezenas de apetrechos disponíveis na cozinha. Esta seção aborda de maneira breve os utensílios tradicionais e propõe alguns equivalentes contemporâneos.

Além do caldeirão, que foi abordado no Capítulo 4, há um punhado de outros instrumentos tradicionais que foram ou ainda são usados no trabalho mágico e espiritual.

- A faca: A faca é um símbolo do ar ou do fogo, dependendo da tradição oculta ocidental que você siga; e, em alguns caminhos, costuma ser usada simbolicamente. O parceiro desse instrumento é o boline, uma faca efetivamente usada no contexto dos rituais para cortar e fatiar ervas, entalhar madeira e assim por diante. O boline costuma ter o cabo branco ou a lâmina curva, enquanto a faca geralmente tem o cabo escuro e a lâmina reta com dois gumes. A faca pode ser afiada ou sem fio — demonstrando ser um instrumento metafísico. Naturalmente, a última coisa que você precisa na cozinha é de uma faca que não pode ser usada. Como a magia de lareira é prática, faz mais sentido reconhecer as associações espirituais das facas que você já utiliza. Elas, em geral, são associadas à ação, à determinação, à resolução e à autoconfiança.

- A varinha: Outro instrumento tradicional é a varinha. Trata-se de um símbolo do fogo ou do ar (se, de acordo com sua crença, a faca for fogo, então a varinha é ar, e vice-versa). Os contos de fadas apresentam fadas e feiticeiras com varinhas mágicas que transformam e encantam; contos de magos e druidas geralmente mostram cajados. A varinha e o cajado simbolizam a mesma coisa. Estes últimos também costumam ser associados à solidez e ao aterramento, refletindo a árvore do mundo e o *axis mundi* encontrado nas sociedades xamânicas. O instrumento que serve de paralelo moderno ao cajado é a colher de pau, um utensílio de transformação e fusão.

- **A vassoura:** Outro símbolo mágico onipresente é a vassoura. Assim como o cajado, ela simboliza o aterramento, mas também os voos espirituais realizados em busca do conhecimento de outros espíritos e mundos. Diz-se que a vassoura é a união dos símbolos feminino e masculino presentes na escova e no cajado e, como tal, era usada em cerimônias, festivais e rituais de fertilidade, sobretudo para estimular o crescimento das plantações. No uso mágico mais moderno, é usada para varrer a negatividade de um local. Nessa função, às vezes se usa uma vassoura de palha (em inglês, *besom*), que costuma ser mantida longe da vassoura cotidiana, para varrer migalhas e sujeira do chão. Na magia de lareira, como todo ato é espiritual, usar a vassoura cotidiana é um ato mágico em si. O chão e a energia são varridos em conjunto.

## Eletrodomésticos modernos e magia

Esta seção não defende necessariamente o uso de eletrodomésticos na prática mágica ou espiritual — apenas faz uma lista deles e de suas energias ou usos alternativos, já que eles estão presentes em muitas cozinhas. Se não tiver alguns deles, você não está perdendo nada. Dito isso, há muitas coisas na sua cozinha às quais você não presta muita atenção, como a cafeteira, a chaleira e o micro-ondas; e, embora não sejam tradicionais, você pode não os ter considerado como possíveis instrumentos mágicos contemporâneos. No entanto, como a magia de lareira envolve praticidade, não há motivo algum para evitar objetos que você poderia usar na sua prática diária. Por que só algumas atividades ou utensílios da cozinha devem ser espirituais ou criativos? Por que você não pode usar fritadeiras elétricas e batedeiras?

O principal argumento contra o uso de eletrodomésticos modernos na magia é que o uso da eletricidade, de alguma forma, poderia interromper ou alterar a energia mágica. Cada um com o seu pensamento, mas eu raramente achei que a eletricidade que passa pelos fios nas paredes da minha casa tivesse afetado os rituais ou o trabalho espiritual realizado no espaço entre essas paredes. O segundo argumento apresentado é que o indivíduo que faz objeções a eles sente que, de algum jeito, está trapaceando se usar um eletrodoméstico. Mas, de novo, a magia de lareira envolve praticidade! Não faz sentido ter mais trabalho fazendo "do jeito antigo".

Sob uma ótica diferente, no entanto, se desejar celebrar algo oferecendo o tempo e a energia necessários para realizar uma tarefa sem o auxílio da tecnologia moderna na cozinha, você vai ter mais poder. Pode ser uma experiência maravilhosa e meditativa.

*Um alerta a respeito do uso dos aparelhos cotidianos para propósitos mágicos e espirituais: você nem sempre pode voltar a usá-los para cozinhar se os tiver usado para moer ou processar algo não comestível. Imagine um processador de alimentos ou moedor de café usado para fazer incenso, por exemplo. Não importa o quanto esfregue, você pode não conseguir remover os óleos essenciais e a resina em pó. Por uma questão de saúde e segurança, se desejar usar pequenos eletrodomésticos como esses para trabalhos mágicos e espirituais, invista em um aparelho de segunda mão exclusivo para esse propósito.*

No mínimo, reconhecer seus eletrodomésticos e utensílios de cozinha como parceiros na vida cotidiana resulta em mais uma oportunidade de aproveitar as energias do ambiente. Estar ciente do que está ao seu redor e de como você usa os instrumentos à sua disposição permite que você tenha mais controle sobre o ambiente. Familiarizar-se com energias específicas oferece mais oportunidades de usá-las com consciência e precisão, aumentando assim a experiência espiritual e ampliando ou aprofundando a complexa teia de energias que compõe sua lareira e sua casa.

Entender que cada utensílio utilizado tem a própria energia é o primeiro passo para compreender melhor como a energia da sua cozinha é produzida e afetada.

Por onde começar? Bem, um jeito bom de começar é abençoando cada um dos principais eletrodomésticos da cozinha. Não é algo tão louco quanto parece. Como seres humanos, tendemos a projetar personalidades nas máquinas porque nos relacionamos melhor com aquilo que para nós parece ter uma identidade. Ao reconhecer os eletrodomésticos como participantes das suas atividades na lareira e no lar, você reconhece formalmente suas energias. Se desejar chegar ao ponto de dar nomes a eles, vá em frente. Qualquer coisa que torne o aparelho uma presença mais reconhecida na sua cozinha pode ajudar.

Seus eletrodomésticos e a maneira como eles funcionam afetam sua vida de maneiras que você muitas vezes não percebe — até que precisa ficar sem eles por causa de alguma falha elétrica ou da própria máquina. Quando isso acontece, sua reação costuma ser negativa, nascida da frustração, e isso é compreensível. Essa reação negativa tem impacto na energia da casa, no entanto; e é lamentável que sua única resposta consciente em relação aos eletrodomésticos e a seu uso seja negativa.

Dê uma olhada na cozinha e repare nos eletrodomésticos que você usa todos os dias. A geladeira está sempre ligada; o fogão está à sua disposição; a torradeira, a cafeteira e o micro-ondas são quase onipresentes nas cozinhas de hoje. E se, ao usá-los, você aplicasse a energia deles conscientemente, de maneira positiva, à energia geral da cozinha, da casa e da sua vida?

Ao reservar um momento para reconhecer formalmente um eletrodoméstico, você está sinalizando para sua mente e seu espírito que esse aparelho é um elemento valioso na vida cotidiana — e também está sinalizando isso para a energia do eletrodoméstico. Este não é o lugar para um longo discurso sobre a validade da energia produzida por máquinas e dispositivos tecnológicos em comparação com a energia produzida por objetos orgânicos e de origem natural; basta dizer que tudo tem uma assinatura energética e que a energia afeta o ambiente em que o objeto se encontra. A energia mecânica de um forninho portátil pode ser um pouco mais difícil de entender e incorporar ao seu uso cotidiano consciente do que a energia das ervas ou de outros símbolos, mas é perfeitamente legítima. Mais uma vez, parece meio contraproducente ignorar as ferramentas modernas à nossa disposição quando procuramos criar uma prática espiritual doméstica que seja fortalecedora em termos espirituais, emocionais e físicos.

Um bom lugar para começar é reconhecer formalmente os principais aparelhos da sua cozinha — aqueles que ficam nas bancadas e são usados todos os dias ou várias vezes por semana. Um jeito de fazer isso é abençoá-los (veja mais adiante neste capítulo). Pense em abençoar o eletrodoméstico como uma forma de despertar sua energia de maneira positiva e inseri-la na atmosfera geral do coração da casa.

Como exemplo, vejamos a batedeira. Estou me concentrando nela, e não no forno, porque ela é um eletrodoméstico pequeno e muito específico, enquanto o fogão e o forno tendem a ser mais centrais na cozinha. Exceto pela eletricidade, o uso da batedeira não é muito diferente de misturar e sovar pão da maneira tradicional. No entanto, também é possível argumentar que, com menos toques de suas mãos, menos atividade prática, você está se afastando ainda mais do potencial de imbuir o pão com mais magia e/ou energia. Ao preparar pão para fins mágicos ou espirituais específicos, sim, eu faço tudo à mão. Mas, para o pão de todo dia, uso uma máquina e, ao abençoar o aparelho e os ingredientes enquanto os coloco na tigela, estou maximizando diariamente o potencial da magia de lareira. Devido a uma condição física, estou perdendo aos poucos a força nas mãos e, portanto, posso ver que, em um futuro próximo, vou precisar usar a máquina para misturar e sovar até mesmo o pão que uso para rituais; e, quando isso acontecer, vou ficar bem, porque admito que o importante é a intenção e o reconhecimento da própria máquina como elemento participante do meu lar e da minha prática doméstica.

## Seu livro de receitas

Outro auxílio essencial do qual você provavelmente esquece quando pensa nos apetrechos da cozinha é o seu livro ou arquivo de receitas. Não um livro de receitas publicado, mas o fichário ou pasta que você colecionou ao longo dos anos, com notas rabiscadas nas margens ou no verso das páginas, xerox e pedaços de papéis manuscritos às pressas, páginas arrancadas de revistas, receitas impressas de sites, cartões de receitas esfarrapados, manchados com extrato de baunilha, café e extrato de tomate. Se você costuma guardar essas receitas dentro da capa do seu principal livro de receitas publicadas ou as deixa perdidas em algum lugar, presenteie-se com um álbum ou fichário resistente e um pacote de protetores de folha transparentes. Estes últimos são o ideal, pois eles podem ser limpos quando você mexer a sopa com um pouco mais de entusiasmo — além de serem ótimos para guardar anotações.

Considerando práticas exclusivamente espirituais, seu livro de receitas pode ser comparado a um Livro das Sombras ou a um grimório. O Livro das Sombras é um lugar onde você pode anotar seus experimentos, alterações em feitiços, registros de rituais, receitas e assim por diante. Seu livro de receitas é outra forma de registro. Organize-o de um jeito que faça sentido para você. Em geral, as coleções de receitas são organizadas por tipo de prato — aperitivos, pratos principais, refeições de uma panela só, bebidas, sobremesas e assim por diante —, mas, se você tiver outro método de organizar suas receitas, use-o.

Mantenha também um diário de cozinha, no qual você possa anotar preces, invocações, informações ou receitas não alimentares relacionadas à sua prática espiritual.

## Abençoando seus eletrodomésticos

Este é um gesto simples e direto que pode ser feito com frequência para ajudar a manter a carga positiva da energia dos eletrodomésticos, conectá-los à energia harmoniosa da cozinha e mantê-la feliz. Não é necessário usar nenhum suprimento para isso, embora, caso julgue necessário ou preferível, você possa usar uma tigela pequena ou um copo com água pura ou acrescida de uma pitada de sal.

Observe que não é uma limpeza nem uma purificação, é apenas uma bênção. Se achar necessário, faça uma purificação antes da bênção. Talvez você sinta a necessidade de fazer uma purificação apenas na primeira vez que fizer esta bênção.

As instruções a seguir usam a geladeira como exemplo. Para proferir a bênção a outro eletrodoméstico, basta substituir o nome e a finalidade/uso.

1. Fique de pé diante do aparelho. Toque nele com as mãos e permita-se sentir sua energia, abrindo-se para quaisquer sentimentos ou sensações que o aparelho possa despertar em você. O aparelho pode "parecer" quente, frio, ativo, passivo, lento, rápido, ansioso, indiferente ou qualquer outra coisa.

2. Quando sentir que tem uma noção da energia e/ou personalidade do aparelho, diga:

    *Geladeira,*
    *Obrigada por manter nossa comida fresca e gelada.*
    *Obrigada por fazer parte da nossa vida.*
    *Eu a abençoo.*

3. Se desejar, você pode desenhar um símbolo nela com água pura, água com uma pitada de sal ou com o dedo seco. O símbolo pode ser qualquer um que considere adequado. Um bom símbolo padrão é o círculo, que representa harmonia. Ou talvez você prefira usar algo como uma chama estilizada para representar a energia da lareira da casa.

Se tiver dificuldade em sentir a energia dos eletrodomésticos, considere a utilidade de cada um na cozinha e associe-a intencionalmente a uma energia semelhante. Por exemplo, sorvete é doce e, portanto, uma máquina de sorvete pode ser associada à amizade, à harmonia e ao amor. Por que não tentar com uma batedeira? Ela combina ingredientes separados formando uma massa coesa e harmoniosa, então talvez você possa associá-la à comunidade, à harmonia e ao trabalho ativo. As fôrmas de bolo podem simbolizar prazer, celebração e assim por diante. Sua chaleira pode representar saúde, amor, apoio, conforto e paz.

Se desejar, você pode fazer o mesmo para as áreas da cozinha: copa, despensa, armário e assim por diante. Não negligencie o conteúdo dos armários da cozinha. Produtos de limpeza, porcelana, louças e talheres são facilmente abençoados e/ou capacitados para a harmonia, saúde e outras vibrações positivas. Abençoe também as entradas da cozinha, as portas e arcos, ou passagens para o resto da casa.

## Sobre a natureza mágica dos itens cotidianos

Como você aprendeu neste livro, a magia de lareira é uma atitude prática. Aqui está uma pequena seleção de eletrodomésticos e utensílios de cozinha atuais, com comentários sobre seu uso na cozinha moderna e seu impacto na prática espiritual. Analise seus eletrodomésticos grandes, pequenos e aqueles que estão na bancada, além de outros apetrechos e utensílios de cozinha. Que tipo de energia eles carregam? O que eles simbolizam para você? Aqui estão algumas associações sugeridas para ajudá-la no caso de você não conseguir identificar uma energia definida.

- **Amolador de facas:** foco
- **Abridor de latas:** remoção de barreiras, superação de obstáculos
- **Máquina de pão:** conforto, alicerce, abundância
- **Moedor de café:** foco, aumento de consciência, energia
- **Mixer, batedeira:** mistura suave e firme de pensamentos ou energias díspares
- **Máquina de café espresso:** intensidade
- **Cremeira:** brincadeira, pensamento, leveza
- **Mandoline:** uniformidade, precisão
- **Panela de cozimento lento:** união lenta e estável

Explore os armários e as gavetas da cozinha e veja o que você pode atribuir aos utensílios e pequenos eletrodomésticos que encontrar.

# Purificação regular da cozinha

Mesmo com a melhor das intenções e a tentativa de viver uma vida espiritualmente satisfatória e sem estresse, a energia inútil se acumula e, em geral, a atmosfera positiva que você se esforça para manter pode ficar um pouco enfraquecida. Como a cozinha é muito usada, ela pode exigir purificação com mais frequência do que outros cômodos da casa. Uma sequência de episódios causados por falta de jeito na cozinha ou má sorte com os pratos preparados pode significar que esteja na hora de uma purificação. Lembre-se que sua lareira já é sagrada, e a necessidade de purificação não significa que ela tenha sido contaminada de alguma forma; significa apenas que é o momento de fazer uma pequena limpeza espiritual. Consulte as informações sobre purificação no Capítulo 7 para entender como purificar a cozinha e a casa em geral.

*Lembre-se que qualquer atividade realizada na cozinha contribui para a energia da lareira. Da mesma forma, essas atividades também se beneficiam da energia da lareira espiritual. Fazer artesanato, as tarefas da escola e outras atividades na cozinha pode ajudar a conectar essas tarefas à energia que envolve a casa, gerando um efeito benéfico sobre os resultados.*

# Mantenha registros

Manter registros é importante não só para a vida cotidiana, mas também para suas atividades mágicas. Manter um registro do que você fez e quando fez ajuda a planejar e programar as tarefas, além de oferecer a oportunidade de analisar as atividades anteriores para ter revelações. Basicamente, um diário pode ser uma coleção de ideias e anotações sobre o que dá certo ou errado, ou pode ser um lugar para armazenar pequenas informações domésticas que você coleciona sobre a espiritualidade ou o dia a dia.

Seu diário é um lugar para copiar receitas, rituais, cerimônias, purificações e qualquer outra atividade espiritual específica que você conduza. Pode ser tão específico quanto você desejar, incluindo anotações sobre o clima, quem mais estava na casa naquele momento, sua impressão, estado emocional e assim por diante. É um lugar para registrar informações sobre deidades ou espíritos que você pesquise, meditações que faça, oferendas que organize e como sente que elas foram recebidas. Você pode fazer anotações diárias sobre como se sente, as conexões alcançadas e seus pensamentos sobre a prática da espiritualidade caseira. Pode colar amostras de cores, recortes de revistas ou lascas de tinta se estiver planejando redecorar, e inserir fotos da casa em diferentes estágios para registrar sua evolução ao longo dos anos. Pode registrar os jantares que oferece, anotando o menu, os convidados e os sucessos (ou fracassos!) culinários. Pode guardar flores ou folhas do seu jardim dentro dele. Pode registrar poemas ou preces. Em resumo, é um caderno geral para qualquer registro associado ao seu caminho espiritual, onde no futuro você possa localizar as informações com mais facilidade.

Você pode usar um caderno em branco com folhas pautadas ou não, ou um fichário robusto. O fichário permite que as páginas inseridas se expandam conforme necessário, enquanto o caderno pode não fechar corretamente depois de muito uso. É melhor usar algo que tenha pelo menos 20 x 25 cm, de forma a ter espaço para registrar, desenhar e colar recortes.

# A ESPIRITUALIDADE DOS ALIMENTOS

*Capítulo 9*

Os alimentos e as atividades relacionadas a eles desempenham um papel significativo na nossa vida; mas, além daqueles associados a festividades, raramente pensamos que os alimentos possam ter uma conexão espiritual. O alimento é algo muito físico e, como tal, muitas vezes nos esquecemos de que ele também tem lugar na nossa vida espiritual. Este capítulo é dividido em duas partes. A primeira parte avalia a relação entre alimento e espiritualidade. A segunda se concentra em pratos e receitas simples com base na filosofia da lareira ou associados a ela.

## Pense no alimento

Reconhecer o aspecto espiritual do alimento é um gesto informal que você pode realizar a fim de exercer a espiritualidade de maneira diária. Aqui está um exercício que pode revelar alguns fatos interessantes sobre seus hábitos alimentares: durante uma semana, faça um registro diário dos alimentos que prepara e consome. Anote o seguinte:

- Os ingredientes
- Tempo total dedicado a preparar e cozinhar os alimentos
- Tempo total dedicado a comer as refeições
- Em qual local você comeu
- A quantidade de alimentos que foram consumidos e o quanto sobrou
- Se as sobras foram consumidas no dia seguinte ou nos dias seguintes
- Em quais as opções mencionadas acima você envolveu práticas espirituais (quais preces você fez, se adicionou um ingrediente ou erva especificamente com intenção mágica, se deixou uma oferenda para um deus ou espírito e, se o fez, quando?)

Essas informações podem te ensinar muito sobre quanto peso você atribui às diversas etapas do processo de preparação e consumo dos alimentos.

## A energia dos alimentos

Quando você manuseia algo, parte da sua energia pessoal é transferida para o item. Sua energia de base é afetada pelo seu estado emocional, que atua como uma lente ou um filtro através do qual sua energia pessoal passa e, portanto, é influenciada por ela. É importante lembrar-se disso o tempo todo (é um dos motivos pelos quais você não deve manusear objetos sagrados sem estar devidamente preparada), mas é ainda mais importante ao manusear alimentos.

O ditado diz que você é o que come, mas também é verdade que você come o que é ou, mais precisamente, quem você era quando preparou a refeição. E, se estiver comendo uma refeição preparada por outra pessoa, também estará consumindo parte da energia dela. (Isso talvez faça você olhar para o ato de comer fora de maneira diferente — sobretudo se você faz muito isso por achar que não sabe cozinhar, que cozinhar parece ser inconveniente ou por não gostar da sua cozinha.)

A dimensão espiritual dos alimentos e das atividades relacionadas a eles nutre a alma por meio da troca de energia. Preparar e consumir alimentos espiritualmente é um gesto de apreço pelo aqui e agora. Alimentar-se espiritualmente pode envolver pensar nas origens e conexões dos alimentos, em suas associações com a estação, no lugar que ocupam na sua vida e no impacto que a energia do alimento tem sobre a sua, entre outras coisas. A apreciação espiritual das refeições é sutil, mas nutre e fortalece sua conexão com o aspecto espiritual do mundo ao seu redor.

Todo mundo precisa comer. É uma das necessidades físicas básicas. No entanto, uma conexão espiritual pessoal com o alimento dá a ele outra dimensão além da simples relação física combustível-consumidor. Os alimentos vão, no mínimo, fornecer a quem o consome o pacote básico de calorias com suas vitaminas e nutrientes. Faz muito sentido otimizá-los, lidando com eles de forma atenta e intencional a cada etapa do processo, a fim de maximizar seu potencial espiritual. Por que não oferecer a quantidade máxima de benefícios que as refeições podem proporcionar àqueles a quem você as serve? Por que não aproveitar as refeições como expressão espiritual e meio de comunicação? Já que sua energia afeta os alimentos em todos os estágios do processo de preparação e consumo, é importante ter consciência da sua energia ao fazê-lo.

*Conforme mencionado no Capítulo 8, existem questões éticas sobre o uso de alimentos como veículos não declarados de transformação em outras pessoas que não sejam você; se for realizado sem o consentimento da pessoa, isso pode ser interpretado como manipulação mágica e violação do livre-arbítrio. Esta é uma boa regra para se ter em mente: o modo como você prepara e consome as refeições tem um impacto espiritual sobre você e sobre as pessoas que você alimenta.*

O alimento tem sua própria energia e, na maioria das vezes, essa será a energia predominante que ele carrega. No entanto, a energia de cada pessoa que o manipulou também é acrescentada, modificando e moldando a energia inata em vários graus. Uma oferenda a uma deidade é uma oferenda da energia do alimento, mas também é um sacrifício do benefício físico que seria obtido dele. (Em teoria, a recompensa espiritual pela oferenda supera o benefício físico sacrificado!)

## Os alimentos e as estações

No mundo atual, você pode comer morangos em janeiro e cerejas em novembro. Esquecemos que houve uma época em que as pessoas tinham de aproveitar a oportunidade para saborear o alimento sazonal durante um período limitado. À medida que frutas e vegetais diferentes tornaram-se disponíveis, a mudança das estações foi reforçada na mente da comunidade. As energias sentidas durante as diferentes estações também podem afetar a energia da sua lareira espiritual e da sua casa; portanto, prestar atenção a elas é uma boa maneira de nutrir ainda mais a sua lareira espiritual e fazer da sua casa um lugar de conforto e renovação.

Hoje, você pode explorar os aspectos sazonais e espirituais dos alimentos comprando regularmente em um mercado ou feira de agricultores. A cada semana, os produtos disponíveis variam em oferta e qualidade. Familiarizando-se com o que é oferecido em diferentes épocas do ano na sua região, você entenderá melhor essas energias e como elas afetam a energia dos alimentos que você prepara. Leve uma seleção desses produtos sazonais para casa com frequência e prepare-os, sentindo as energias de cada um ao tocá-los e saboreá-los.

# Prepare as refeições com os sentidos atentos

O alimento é uma presença tão forte na vida cotidiana que é fácil esquecer que ele é algo tanto espiritual quanto físico. Ao esvaziar a mente e concentrar-se em cada movimento e gesto durante o processo de comer, você consegue entender melhor a nutrição espiritual fornecida por ele. No nível prático, essa atitude também relaxa a mente e o corpo, o que, por sua vez, facilita o consumo e a digestão dos alimentos, além de aprofundar seu apreço pelos sabores e texturas.

Comer só para se manter vivo nega o aspecto espiritual do ato. Ao comer com atenção, você cria a oportunidade para que essa conexão espiritual volte a brotar na sua vida. Para dar dimensão ao aspecto espiritual da sua relação com as refeições e a alimentação, experimente o seguinte:

- Ao planejar uma refeição, pense nas várias fontes e origens dos diferentes alimentos que pretende utilizar.
- Observe a maneira com que os alimentos sazonais refletem a energia das estações do ano e como, ao consumir esses alimentos, a internalização dessa energia, por sua vez, afeta você.
- Aproveite a oportunidade para preparar e consumir alimentos sazonais e anote como sua relação com a energia da estação é afetada.
- Reserve um tempo para preparar suas refeições de maneira relaxada, consciente e concentrada.
- Não faça outras tarefas enquanto come; reserve um tempo para consumir o alimento relaxadamente, saboreando cada bocado e apreciando a energia.
- Tente não cozinhar se estiver com raiva, ressentido ou com medo. A energia é transferida para o alimento e cria um ambiente pouco acolhedor.
- Sente-se para comer, sempre. Honre a refeição e as pessoas que dela participam, reservando um tempo para sentar-se e consumi-la.
- Antes de começar a preparar a refeição, inspire profundamente e expire com atenção para se fazer presente.
- Para ajudá-la a se concentrar, abençoe a cozinha acendendo uma vela como representante do fogo sagrado, que por sua vez é uma representação da Deusa. Outra possibilidade é salpicar gotas d'água pela cozinha com os dedos, a fim de abençoar o espaço. Se desejar, adicione uma pitada de sal à água.

Assim como durante outras tarefas na cozinha, se a sua mente vagar demais apesar de você estar buscando preparar uma refeição com foco na espiritualidade — ou se você tiver dificuldade de se concentrar no aspecto espiritual —, não se estresse por isso. Experimente tocar seu altar ou santuário, ou ficar de pé diante dele por um instante, antes de começar o trabalho; isso servirá de lembrete visual de que aquela é uma tarefa espiritual. Acender velas sobre a mesa, dar graças ou proferir uma bênção também pode lembrar a todos do aspecto espiritual da comida. No mínimo, estar em um estado de espírito neutro ou positivo é a chave para criar e consumir refeições espiritual e fisicamente nutritivas.

Honre a energia espiritual do alimento que você ingerir reconhecendo sua presença e participação na prática espiritual. Considere a refeição que você preparar e consumir como um jeito de interagir com o fluxo natural de energia, e respeite o tempo gasto comendo como um elemento essencial no seu diálogo contínuo com a espiritualidade. Assim como outros produtos naturais, os alimentos têm muito a ensinar sobre você mesma e seu relacionamento com o mundo ao redor. Comer e cozinhar são oportunidades de entrar em contato com a natureza e celebrar sua espiritualidade todos os dias, sem a necessidade de outros gestos formais. Apenas ao ouvir o que a energia do alimento tem a dizer enquanto você o consome atentamente, é possível apreciar o fluxo de energia e a afirmação da vida, e expandir ainda mais a sua prática espiritual caseira.

*Se estiver interessada em cozinhar em uma lareira, seja um fogo interno ou ao ar livre, uma excelente fonte é o livro de William Rubel: The Magic of Fire, Hearth Cooking: One Hundred Recipes for the Fireplace or Campfire.*

# Receitas

As receitas neste capítulo concentram-se principalmente em pratos muito tradicionais associados à lareira. Isso não significa que só os alimentos tradicionais possam funcionar como refeições espirituais ou em ambientes ritualísticos. Ao contrário, os pratos tradicionais tendem a se concentrar em questões muito fundamentais, como conforto e necessidades básicas. Este capítulo vai focar em dois pratos básicos que são preparados na lareira com muita facilidade, tanto nos tempos antigos quanto nos dias de hoje: pães e ensopados/caçarolas. Eles representam algumas das melhores coisas associadas à lareira: harmonia, mistura lenta de sabores e elementos díspares, calor, nutrição e facilidade de preparo.

## Pão

O pão é um dos alimentos básicos essenciais do mundo ocidental e tem sido assim há séculos.

### Receita básica de pão tradicional

Esta receita é da minha amiga Janice, e ela me deu permissão para compartilhá-la com você. É uma técnica muito simples e fácil. A maioria dos pães é fácil de fazer, apesar de parecer muito difícil para iniciantes. Se preferir usar uma máquina de fazer pães, esta não é a receita para você. O ideal é passar pela experiência de trabalhar com as mãos. Esta receita faz um pão grande ou dois pães pequenos.

Você vai precisar de:

- 2 xícaras de água morna
- 2 colheres de sopa de açúcar (ou mel)
- 1 colher de sopa de fermento tradicional (não é fermento de crescimento rápido nem fermento para máquina de pão)
- 2 xícaras de farinha de trigo integral
- 1/2 colher de chá de sal
- Farinha de trigo branca
- Azeite ou outro óleo de cozinha

1. Despeje 2 xícaras de água morna em uma tigela grande (de preferência de vidro ou cerâmica) e misture o açúcar ou o mel até dissolver.
2. Polvilhe o fermento na água. Espere de 5 a 10 minutos para que o fermento seja ativado.
3. Acrescente 2 xícaras de farinha de trigo integral. Mexa até que não tenha mais nenhum grumo. Agora, acrescente aos poucos mais farinha de trigo integral, misturando bem até que a colher de mexer (de preferência, de madeira) fique em pé sozinha no meio da tigela alguns segundos antes de cair. A consistência é parecida com a de massa de bolo.
4. Deixe a tigela em um ambiente morno (25 a 30°C é o ideal) para que a massa cresça por pelo menos 2 horas. Se preferir, você pode cobri-la com um pano úmido limpo.
5. Após o descanso e crescimento da massa, acrescente o sal. Adicione o quanto for necessário de farinha de trigo branca até a massa formar uma bola e desgrudar com facilidade das mãos.
6. Polvilhe a mesa ou bancada com farinha. Sove por pelo menos 5 minutos, adicionando farinha conforme necessário para manter a massa "seca" e não pegajosa.
7. Unte bem uma fôrma de pão.
8. Molde a massa no formato de pão. Coloque a massa de cabeça para baixo na fôrma, depois vire-a (este é um jeito rápido de untar com óleo a maior parte da cobertura do pão). Pincele as partes que ainda estiverem secas com um pouco mais de óleo. (Se estiver fazendo dois pães pequenos, separe a massa em dois pedaços iguais, molde os pães e coloque em assadeiras untadas com óleo.)
9. Deixe descansar em um local morno para que a massa cresça mais uma vez. Depois de um tempo entre 45 minutos e 1 hora, você deve ter na forma um pão quase em seu tamanho final.
10. Asse por 30 a 35 minutos em forno pré-aquecido a 190°C.
11. Tire o pão pronto da assadeira assim que conseguir manuseá-la e deixe esfriar sobre uma grelha por pelo menos 30 minutos.

## Receita básica para máquinas de pão

Aqui está uma receita básica de pão para a máquina. Ela usa farinha de trigo integral, mas funciona bem com farinha de trigo branca multiuso ou uma mistura das duas em qualquer proporção. O ovo dá um pouco mais de estabilidade ao pão, mas a receita funciona do mesmo jeito sem ele. Se não usar o ovo, talvez precise de um pouco menos de farinha.

Esta receita rende um pão de pouco mais de 1 kg. Se a sua máquina fizer pão no tamanho máximo de 900 gramas, corte um terço da massa depois do primeiro crescimento e deixe crescer separadamente e, em seguida, asse como um pãozinho redondo em uma assadeira. Como alternativa para máquinas de menor capacidade, elimine 1 colher de chá do fermento e cerca de 1/2 a 1 xícara de farinha de trigo (comece com 3 xícaras de farinha e vá acrescentando à medida que trabalhar a massa a fim de obter uma bola lisa; anote a quantidade de farinha que usou ao todo).

Você vai precisar de:

> 3/4 de xícara de leite
> 3/4 de xícara de água morna
> 1 ovo grande (opcional)
> 1 1/2 colher de sopa de mel
> 1 1/2 colher de chá de sal
> 4 xícaras de farinha de trigo integral
> 1 colher de sopa de fermento

1. Coloque os ingredientes na máquina na ordem mencionada (ou na ordem indicada pelo fabricante da máquina, se ela não seguir a regra tradicional que prevê líquidos primeiro, seguidos de farinha e fermento).
2. Selecione a configuração para pão de sanduíche básico e aperte iniciar.

## *Scones* Básicos

Os *scones* são como uma xícara de chá: fáceis de fazer, reconfortantes, rápidos e fáceis de servir para convidados inesperados — ou para você mesma em uma manhã quando precisar de um pouco de acolhimento. São excelentes lanches matinais ou agradinhos para o intervalo da tarde.

Nesta receita podem ser incluídas passas, groselhas, nozes com uma pitada de canela ou frutas secas picadas. Use cerca de 1/2 xícara do ingrediente a ser adicionado.

Esta receita usa leite integral, mas se você tiver leite desnatado ou semidesnatado à mão, use-o. Se usar um leite com baixo teor de gordura, acrescente um pouco de creme de leite ou uma colherada de iogurte para encorpar. Se quiser um *scone* mais doce, use mais mel a gosto.

Você vai precisar de:

> 2 xícaras de farinha de trigo integral, e mais um pouco para polvilhar as mãos e a assadeira
> 3 colheres de chá de fermento em pó
> 1/2 colher de chá de sal
> 1/4 de xícara de margarina ou manteiga sem sal (em temperatura ambiente)
> 1 a 2 colheres de sopa de mel
> 3/4 de xícara de leite (integral, de preferência)
> 1 ovo grande

1. Pré-aqueça o forno a 200°C.
2. Em uma tigela grande, misture a farinha, o fermento e o sal.
3. Usando um cortador de massa ou dois garfos, acrescente a margarina ou manteiga.
4. Em uma tigela pequena, misture o mel com o leite e adicione à mistura anterior de farinha e manteiga.
5. Bata levemente o ovo com um garfo (experimente batê-lo na tigela que estava com o leite e o mel para aproveitar o resto do mel grudado no fundo) e acrescente à massa. Misture bem.

6. Enfarinhe o meio de uma assadeira. Despeje a massa na assadeira. Com as mãos ainda enfarinhadas, molde uma espécie de disco.
7. Divida o disco em oito fatias triangulares. Não as separe; basta cortar a massa até a metade ou três quartos da altura.
8. Asse por 20 a 25 minutos. Retire do forno e deixe esfriar por 5 minutos na assadeira. Corte os *scones* até separar totalmente as pontas. Sirva quente com manteiga, geleia ou coalhada.

Esses *scones* também podem ser feitos individualmente. Em vez de colocar a massa na assadeira, enfarinhe uma bancada ou assadeira e despeje a massa. Com as mãos enfarinhadas, abra a massa até cerca de 4 cm de espessura. Corte *scones* individuais usando um cortador redondo (cerca de 6 cm de diâmetro). Ao pressionar o cortador na massa, não o gire; os *scones* não vão crescer muito se você fizer isso. Use uma espátula ou uma pá de bolo para transportar os *scones* da bancada para a assadeira. Enrole levemente a massa de novo e continue fazendo os *scones* até cortar toda a massa. Enrole o último pedaço de massa, formando uma bola, achate-a até mais ou menos a mesma altura dos *scones* cortados e coloque-a na assadeira. Asse por 18 a 20 minutos a 200°C, observando os *scones* com atenção.

## Focaccia

A palavra *focaccia* vem do latim *focus*, que significa "lar ou centro da casa". Isso faz da focaccia um pão de lareira. Para os antigos romanos, o *panis focacius* era um pão achatado e assado nas cinzas da lareira. Talvez você o conheça como um tipo de pão italiano, mas várias culturas têm uma versão desse pão.

Esta é uma versão básica. É extremamente flexível e adaptável. Se tiver uma receita favorita de massa de pizza, você pode usá-la e, na verdade, eu também uso esta mesma receita para fazer massa de pizza. Costumo separar um terço para fazer focaccia e uso os outros dois terços como base para pizza caseira. É melhor comê-la assim que sair do forno; ela perde um pouco da personalidade se for guardada e comida no dia seguinte.

Esta receita usa metade de farinha de trigo branca multiuso e metade de farinha de trigo integral, mas você pode usar qualquer combinação que desejar. É possível usar uma variedade de coberturas, incluindo cebola picada na hora, alho, azeitonas picadas e tomates secos; o único limite é a sua imaginação. Se desejar, você pode incorporar a cobertura na própria massa; mas lembre-se de regar o topo com azeite e salpicar com sal.

Esta receita rende duas focaccias ou pizzas com cerca de 30 cm de diâmetro, e pode ser reduzida pela metade para render uma única focaccia.

Você vai precisar de:

1/2 xícara de água morna
1 colher de sopa de mel
2 colheres de chá de fermento biológico
2 xícaras de farinha de trigo mais 2 1/2 xícaras
1 1/2 colher de chá de sal
2 colheres de sopa de azeite
Água morna
Fubá para polvilhar a assadeira

Coberturas:

Azeite
Sal marinho kosher
1/2 xícara de queijo parmesão ralado na hora
Salsa
Manjericão
Orégano

1. Em uma tigela pequena ou caneca, misture a água e o mel; polvilhe o fermento por cima. Deixe descansar por 8 a 10 minutos até que o fermento fique espumoso.
2. Em uma tigela grande, misture 2 xícaras de farinha e o sal. Logo depois, acrescente a mistura de fermento e o óleo. Misture bem.
3. Acrescente alternadamente a água morna e a quantidade restante de farinha necessária enquanto mistura, um pouco de cada vez, até a massa formar uma bola e se soltar das paredes da tigela.
4. Despeje a massa sobre uma superfície enfarinhada e sove incorporando o restante da farinha. Sove por cerca de 5 minutos até obter uma massa lisa e elástica.
5. Unte uma tigela limpa com um pouco de óleo e use-a para colocar a massa, virando-a para besuntá-la com o óleo. Cubra com um pano úmido e deixe em um lugar levemente aquecido por 1 hora, até que a massa possa dobrar de tamanho.
6. Pré-aqueça o forno a 220°C.
7. Vire a massa e sove bem. Corte a massa ao meio e cubra uma metade enquanto trabalha com a outra. Sove a massa brevemente e achate-a formando um círculo de cerca de 2 cm de espessura (ou a espessura de sua preferência).
8. Unte uma assadeira com óleo e polvilhe com fubá. Mova o círculo de massa para a assadeira. Usando os dedos, faça marcas afundadas na superfície da massa. Deixe crescer por aproximadamente 20 minutos. Exclua essa etapa de crescimento se preferir um pão mais achatado.
9. Pincele a superfície da massa com azeite. Polvilhe com sal marinho grosso. Em seguida, polvilhe com uma xícara de queijo parmesão ralado e salsa, manjericão e orégano a gosto. Repita com a outra focaccia.
10. Asse a focaccia por 20 minutos ou até dourar. Deixe esfriar até que possa ser manuseada e corte em fatias triangulares.

## Pão de milho

Outro pão rápido e muito fácil, que fica maravilhoso acompanhando um ensopado ou chili. Esta receita pode ser feita em uma assadeira quadrada de 20 x 20 cm ou em uma fôrma refratária para tortas, mas também pode ser assada em uma frigideira que possa ir ao forno. Por que não experimentar assá-lo no seu caldeirão de ferro fundido? Verifique se o caldeirão é grande o suficiente; 20 cm de diâmetro é o ideal.

Você vai precisar de:

> Óleo para untar
> 1 ovo grande (batido)
> 1 xícara de leite
> 1/4 de xícara de óleo (vegetal ou azeite)
> 1 colher de sopa de açúcar
> 2 xícaras de fubá amarelo (você pode substituir até metade do fubá por farinha de trigo)

1. Aqueça o forno a 220°C. Unte o interior da assadeira e leve ao forno.
2. Em uma tigela média, bata o ovo e acrescente o leite e o óleo. Junte o açúcar, depois o fubá, misturando até que fique umedecido. A massa deve ser encaroçada — não misture demais.
3. Tire a assadeira do forno com cuidado e despeje a massa. Retorne a assadeira ao forno.
4. Asse por 20 a 30 minutos ou até que a superfície esteja dourada e, ao inserir uma faca no meio, ela saia limpa. Sirva quente.

# Ensopados e caçarolas

Estas são as refeições de prato único definitivas. Os pratos associados à lareira tendem a ser preparados com facilidade e geralmente são do tipo prato único, ou requerem uma só panela.

## Ensopado de carne

Você vai notar a ausência de batatas nesta receita. Embora elas sejam tradicionalmente incluídas nos ensopados de carne, este é servido sobre uma tigela de arroz integral. Se desejar incluir batatas, corte-as em cubos e adicione-as junto do molho de tomate. Rende quatro porções.

Você vai precisar de:

> Cubos de carne para ensopado (aproximadamente 700 gramas)
> 1/3 de xícara de farinha de trigo
> Sal a gosto
> Pimenta a gosto
> 1 colher de sopa de azeite
> 1 cebola grande, descascada e picada
> 4 a 5 cenouras médias, raspadas e fatiadas
> 3 talos de aipo, lavados e picados
> 1 dente de alho picado fino
> 1/3 de xícara de molho de tomate
> 1 xícara de caldo de carne
> 1/2 xícara de vinho (tinto ou branco)
> 2 folhas de louro
> 1 colher de chá de orégano
> 1 colher de chá de manjericão
> Cogumelos (opcional)

1. Misture os cubos de carne em uma tigela média com a farinha, o sal e a pimenta.
2. Em fogo médio, aqueça o azeite em uma panela grande. Acrescente a cebola, a cenoura e o aipo. Frite até a cebola picada estar perfumada e macia, por cerca de 5 a 7 minutos. Acrescente o alho e refogue por mais 1 minuto.

3. Adicione um pouco mais de azeite, se necessário. Acrescente os cubos de carne enfarinhados e mexa continuamente, dourando a carne.
4. Acrescente o molho de tomate e continue mexendo. Regue com o caldo e o vinho.
5. Acrescente as folhas de louro e as outras ervas a gosto. Se necessário, adicione mais sal e pimenta. Acrescente os cogumelos, se for usá-los.
6. Tampe e abaixe o fogo ao mínimo. Cozinhe por pelo menos 3 horas. Remova as folhas de louro antes de servir.

## Frango à caçadora

Também conhecido como *cacciatore* de frango, este ensopado de tomate e frango fica melhor quando servido com macarrão. Prefiro usar coxas de frango porque elas têm um sabor mais rico, mas peitos de frango também servem. Rende de 3 a 4 porções.

Você vai precisar de:

> Coxas de frango (aproximadamente 900 gramas)
> 1/3 xícara de farinha de trigo
> Sal a gosto
> Pimenta a gosto
> Cogumelos frescos (ou cogumelos portobello em cubos)
> 1 colher de sopa de azeite
> 1 cebola grande, descascada e picada
> 1 dente de alho picado fino
> 1/3 de xícara de molho de tomate
> 1 xícara de caldo de galinha
> 1/2 xícara de vinho (tinto ou branco)
> 2 folhas de louro
> 1 colher de chá de orégano
> 1 colher de chá de manjericão

1. Corte o frango em pedaços de aproximadamente 2,5 x 7,5 cm; misture em uma tigela grande com a farinha, o sal e a pimenta.
2. Em fogo médio, aqueça o azeite em uma panela grande. Frite a cebola picada até ficar perfumada e macia, por cerca de 5 a 7 minutos. Acrescente o alho e cozinhe por mais 1 minuto.
3. Acrescente um pouco mais de azeite, se necessário. Adicione o frango enfarinhado e mexa continuamente até dourar.
4. Acrescente o molho de tomate e continue mexendo. Regue com o caldo e o vinho.
5. Acrescente as folhas de louro e as outras ervas a gosto. Adicione os cogumelos, caso decida usá-los, e se achar necessário acrescente mais sal e pimenta.
6. Tampe e abaixe o fogo ao mínimo. Cozinhe por pelo menos 1 hora. Retire as folhas de louro antes de servir.

## Chili de carne com portobello

Entre os pratos de uma panela só, este é meu preferido para os dias frios. Sugiro servir com focaccia, mas vai bem com qualquer pão integral ou de milho.

Você vai precisar de:

 4 a 6 cogumelos portobello grandes
 1 xícara de vinho tinto (ou mais, se preferir)
 1 colher de sopa de azeite
 2 cebolas médias, descascadas e cortadas em rodelas
 900 g de carne moída
 2 latas (400 g) de tomate pelado em cubos
 1 lata (170 g) de extrato de tomate
 2 latas (440 g) de feijão vermelho (ou 2 latas de feijão carioca cozido)
 2 folhas de louro
 Pimenta chili em pó ou seca a gosto
 Sal a gosto
 Pimenta-do-reino a gosto

1. Pique os cogumelos portobello em quadrados pequenos de aproximadamente 3 cm e coloque-os em uma tigela média. Despeje o vinho tinto sobre os cogumelos. Leve à geladeira e deixe marinar por pelo menos 2 horas. Mexa de vez em quando para que todos os cogumelos sejam marinados no vinho.
2. Em uma panela grande, aqueça o azeite em fogo médio. Acrescente as cebolas em rodelas e frite até ficarem perfumadas e macias, cerca de 5 a 7 minutos.
3. Acrescente a carne moída e frite até dourar. Se necessário, retire a gordura com uma colher.
4. Acrescente os tomates e o extrato de tomate. Misture bem.
5. Acrescente o feijão.
6. Acrescente a mistura de cogumelos e vinho tinto. Adicione as folhas de louro e a pimenta; salgue e tempere com a pimenta-do-reino a gosto. Se desejar, acrescente mais vinho tinto.
7. Reduza o fogo ao mínimo e cozinhe por pelo menos 3 horas.
8. Sirva com focaccia quente. Você também pode ralar pedaços de cheddar picante ou curado sobre cada tigela de chili.

# Ervas, artes e outros trabalhos mágicos relacionados ao lar

*Capítulo 10*

Como o caminho da bruxa caseira gira em torno do lar e da família, parece essencial a inclusão de um capítulo dedicado às artes e técnicas por meio das quais a magia de lareira possa ser compartilhada! Este capítulo explora as técnicas básicas da prática mágica especialmente adequadas para a magia de lareira, assim como a magia com ervas. Essas atividades e artes são consideradas "de lareira" porque seu objetivo é a melhoria do ambiente doméstico e a saúde e felicidade do lar.

## A magia das ervas

Quando você folheia livros sobre ervas, sejam mágicos ou não, descobre que a maioria das plantas é, de alguma forma, associada à proteção e/ou ao amor. Há uma razão muito simples para isso: as ervas e outras plantas são reflexos do mundo natural, e essas associações comuns também são dois benefícios muito desejados pela humanidade, consciente ou inconscientemente. Amor e proteção são dois temas importantes na magia de lareira. Amor não significa necessariamente feitiços de amor ou fazer alguém se apaixonar por você; esse é um equívoco muito comum. Como bruxa caseira, você espera que a casa seja um lugar cheio de amor para a família e os amigos. O amor-próprio também é importante, pois significa aceitação e apoio, algo que costuma ser mais raro do que deveria.

*Se você tem interesse em trabalhar com a energia das ervas, dê uma olhada no meu livro Bruxa Natural para ver muitas ideias que incorporam as energias das ervas — além de outros itens do mundo natural — ao seu trabalho espiritual e mágico.*

Para personalizar suas atividades espirituais ou mágicas, escolha uma erva ou cristal especial e inclua-a em todos os seus trabalhos mágicos. Encante-a primeiro com sua energia pessoal: segure-a e visualize sua energia pessoal saindo do coração, descendo pelos braços e chegando até as mãos, e imagine-a sendo absorvida pela erva ou cristal.

## Chás e infusões

O jeito mais básico de fazer um chá é embeber matéria vegetal fresca ou seca em água muito quente ou infundi-la. O líquido resultante é chamado de infusão. Esse método é mais eficaz com folhas, flores e frutas esmagadas.

Se a matéria vegetal for espessa ou densa, como costumam ser as cascas, raízes ou sementes, é necessário fazer uma decocção. A decocção é feita fervendo ou aquecendo a matéria vegetal em água por um período mais longo.

*Cuidado! Saiba o que está fazendo ao planejar o preparo de uma bebida. Use livros de referência confiáveis para identificar e preparar medicamentos ou bebidas com ervas.*

Para uma forma líquida mais duradoura, é possível fazer uma tintura. Uma tintura costuma ser mais forte do que uma infusão. Ela é feita pela infusão da matéria vegetal em uma base estável e duradoura, como álcool ou glicerina.

Aqui estão alguns exemplos de infusões e decocções básicas.

- Para fazer água com ervas ou flores, coloque mais ou menos um punhado duplo da matéria vegetal escolhida em um frasco ou pote de vidro esterilizado com tampa. Despeje água fervente até cobrir a matéria vegetal. Tampe, agite e deixe esfriar e saturar. Agite duas ou três vezes por semana. Depois de uns dez dias, coe e armazene a água em um pote de vidro ou frasco limpo. O líquido pode ser mantido na geladeira por no máximo duas semanas. Se quiser intensificar o aroma, coloque mais um pouco da matéria vegetal na infusão. Ela pode ser usada como body splash ou adicionada à água que você usa para fazer a limpeza. Também funciona como um purificador de ambientes bem suave quando borrifado em um cômodo.
- Para fazer vinagre de ervas, coloque um punhado da matéria vegetal escolhida em um frasco limpo com tampa. Despeje vinagre até cobrir a matéria vegetal. Deixe em infusão na geladeira pelo período de uma a três semanas. Coe o vinagre, armazene em um frasco limpo e rotule com o nome e a data. Use o vinagre de ervas no lugar do vinagre comum ou adicione à água que você usa para lavar o chão ou as janelas.
- Para fazer óleos de ervas, coloque um punhado da matéria vegetal escolhida em uma panela pequena e despeje uma xícara de azeite ou óleo de cártamo. Aqueça o óleo e a matéria vegetal em fogo baixo por quinze minutos e, em seguida, despeje em um pote de vidro limpo. Cubra a boca do pote com uma camada dupla de gaze e prenda com um elástico. Deixe assentar em um local ensolarado pelo período de dez dias a duas semanas, depois coe o óleo e transfira para um frasco limpo,

tampe e rotule com o nome e a data. Use o óleo para cozinhar (se a planta for comestível) ou para ungir objetos, janelas, portas e assim por diante.

Aqui estão outras maneiras de usar infusões e extratos semelhantes:

- Para fazer sprays de ervas ou flores, coloque a infusão já preparada e resfriada em um borrifador limpo e borrife no ar. Como alternativa, pingue algumas gotas de uma decocção ou tintura em uma garrafa com água limpa e agite para misturar. Não é a quantidade que importa; é a energia que as gotas carregam.
- Para fazer um limpador de pisos, adicione uma infusão, gotas de decocção ou tintura, ou algumas gotas de óleo essencial em um balde de água limpa. Passe o esfregão no chão ou molhe um pano limpo com a água e limpe paredes, batentes de portas, peitoris de janelas e assim por diante.
- Para uso em banhos, adicione uma infusão, decocção ou gotas de tintura ou óleo à água do banho.

Aqui estão algumas sugestões de misturas de ervas que podem ser usadas para vários tipos de aplicações, como *pot-pourris* fervidos; pós de salpicar ou varrer; em frascos selados e usados como amuletos; ou infundidas, coadas e usadas como poções para ungir. Se você não suporta o cheiro de um desses ingredientes ou sabe que sua energia pessoal não interage bem com eles, exclua-o ou encontre um substituto com energia semelhante.

- Para produtividade, experimente: canela, cravo-da-índia, pimenta-da-jamaica, gengibre
- Para cura, experimente: verbena, rosa, camomila
- Para relaxamento, experimente: rosa, camomila, lavanda
- Para comunicação, experimente: manjericão, cravo, lavanda
- Para proteção, experimente: verbena, alecrim, pitada de sal, cravo-da-índia

## Pot-pourri

Existem dois tipos de *pot-pourri*: seco e úmido (ou fervido). O *pot-pourri* seco é o mais simples possível: é uma mistura de ervas secas, flores e especiarias colocadas em uma tigela aberta usada para perfumar o ar e permitir que a energia se espalhe de maneira suave pelo ambiente. O *pot-pourri* fervido é só um pouquinho mais desafiador: a mistura é colocada em uma panela com água e fervida no fogão. Se você já fez vinho quente ou cidra de maçã, é um processo semelhante.

Ao fazer um lote de *pot-pourri*, é uma boa ideia dispor uma colherzinha dele em um prato na cozinha ou no santuário da lareira como oferenda. O *pot-pourri* seco também é um bom recheio para travesseiros de ervas, sachês, bonecas e assim por diante.

### Receita básica de *pot-pourri* seco

Não pique o material vegetal; se tiver ervas frescas e for secá-las você mesma para o *pot-pourri*, tente não danificar muito os óleos naturais, pois são eles que conferem o aroma às flores secas e especiarias. Depois de seca, desmanche a matéria vegetal em pedaços grandes. A raiz de íris germânica é uma substância que ajuda a fixar os óleos essenciais naturais e adicionados a fim de preservar o aroma da mistura por mais tempo. Como regra, use 2 colheres de sopa de pó de raiz de íris para 1 xícara de mistura de *pot-pourri* seco.

Você vai precisar de:

> Ervas secas
> Flores secas
> Especiarias secas
> Raiz de íris germânica em pó
> 6 gotas de óleo essencial por xícara de mistura seca

1. Coloque toda a matéria vegetal seca (incluindo a raiz de íris em pó) em uma tigela e mexa com as mãos para misturar tudo. Goteje o óleo essencial e mexa de novo.

2. Mantenha a mistura em um recipiente fechado por pelo menos 2 semanas para maturar; isso permite que os aromas se misturem. Abra o recipiente e mexa uma vez por dia para evitar que mofe. Mesmo que você pense que o material vegetal esteja perfeitamente seco, às vezes pode haver uma ou duas gotas de umidade nele.

3. Quando estiver pronto, coloque o *pot-pourri* em um recipiente aberto e leve-o para a área onde deseja que essa energia atue.

É importante não se esquecer do *pot-pourri* seco depois de deixá-lo no lugar escolhido. A poeira vai se acumular nele e a exposição ao ar e à energia do cômodo enfraquecerão a energia dos componentes herbais. Faça uma nova porção quando sentir que a energia da antiga expirou. Você pode enterrar o *pot-pourri* usado ou colocá-lo na composteira.

## Sabonete de *pot-pourri*

Um dos usos do *pot-pourri* seco é como aditivo para sabonetes. É fácil fazer este sabonete com um aroma suave, pois ele usa barras de sabão raladas como base. O sabonete de castela é à base de azeite e pode ser encontrado em lojas de produtos naturais ou de comércio justo; se não conseguir encontrar, use um sabonete suave como Ivory ou Dove.

Você vai precisar de:

1 colher de sopa de *pot-pourri* seco
2 barras de sabonete de castela (ou 1 xícara de lascas)
Ralador
Recipiente para micro-ondas
Água fervente (cerca de 1/8 xícara)
*Hashi*
5 gotas de óleo essencial (opcional)
Luvas de borracha
Bandeja ou assadeira forrada com papel alumínio

1. Se o *pot-pourri* tiver pedaços grandes, desmanche-o em pedaços menores.

2. Rale as barras de sabão em um recipiente adequado para micro-ondas. Adicione 1 colher de água fervente às raspas de sabão e misture utilizando o *hashi*.

3. Leve ao micro-ondas, usando 80% da potência, por 10 segundos de cada vez até a mistura começar a derreter e borbulhar. Retire e mexa com o *hashi*; se a mistura estiver muito dura para dar liga, adicione mais algumas gotas de água fervente.

4. Acrescente uma colher de *pot-pourri* à mistura de sabão e mexa. Se desejar, adicione algumas gotas de óleo essencial e mexa de novo.

5. Coloque as luvas de borracha. Pegue uma quantidade pequena da mistura de sabão com os dedos e modele até formar uma bola. Coloque cada bola na bandeja ou assadeira forrada de papel alumínio para secar.

## *Pot-pourri* fervido

O *pot-pourri* fervido é um jeito mais ativo de difundir o aroma e a energia em um ambiente, embora seja menos permanente. Ele também aumenta a umidade do ar, o que faz dele uma excelente atividade de inverno. Separe uma panela pequena só para fazer *pot-pourri* e nunca a utilize no preparo de alimentos. Os óleos essenciais podem perdurar no acabamento de panelas e frigideiras.

*Fatias de maçã e cascas de frutas cítricas, todas secas, são fixadores muito bons para o pot-pourri fervido. Guarde as cascas de toranjas ou laranjas e corte-as em quadrados de aproximadamente 2,5 cm ou corte a maçã em fatias com pouco mais de meio centímetro de espessura. Deixe secar e, depois, goteje o óleo essencial de sua escolha e armazene em um recipiente com tampa. Abra o recipiente e revolva diariamente até que as cascas ou a maçã tenham absorvido os óleos.*

Como regra, junte 1/2 xícara de mistura de ervas para 2 xícaras de água em uma panela pequena e deixe ferver em fogo baixo. A cada 15 minutos, aproximadamente, verifique se a água não evaporou. Se desejar, adicione mais água.

Você pode reutilizar o *pot-pourri* fervido; basta drenar a água da panela e espalhar a matéria vegetal em um pano de prato para secar; ou forre uma peneira com um pano de prato e coe o conteúdo da panela, permitindo que a matéria vegetal seque ali (espalhe o máximo possível e mexa uma ou duas vezes por dia para manter a circulação do ar e auxiliar no processo de secagem). A matéria vegetal pode manchar a toalha, então use uma que seja velha ou feita de tecido escuro. Quando o *pot-pourri* estiver seco, guarde-o em uma tigela ou pote de vidro com tampa para ser usado na próxima vez. Rotule o recipiente identificando a mistura e sua finalidade. O *pot-pourri* feito de ervas em pó, daquelas que você talvez tenha na prateleira de temperos, não pode ser secado e reutilizado.

Como alternativa, você pode colocar o *pot-pourri* em um pequeno sachê de musselina ou algodão cru e mergulhá-lo na água como um saquinho de chá grande — ou pode usar um infusor para misturas caseiras. Você pode até colocar o *pot-pourri* sobre um quadrado duplo de gaze, juntar as pontas ao redor da matéria vegetal e amarrá-la com um barbante simples de cozinha, formando uma trouxinha

Existem recipientes especiais e adequados para aquecer *pot-pourri*; eles se assemelham a xícaras grandes que possuem um espaço embaixo para acomodar uma vela, e alguns modelos funcionam com energia elétrica — como pequenas panelas de cozimento lento. Eles são desnecessários se sua cozinha for central o suficiente para servir como ponto de preparação para a infusão de aromas; mas, se desejar usar o *pot-pourri* fervido em um cômodo distante da cozinha, talvez seja bom pesquisar uma dessas opções. Tenha as precauções de segurança cabíveis ao utilizar esses dispositivos e fique de olho no nível da água. Mantenha-os bem limpos, para evitar incêndios ou rachaduras. Se tiver aquecedores antigos, você pode colocar uma tigela sobre eles e permitir que o calor da água do radiador aqueça a água do *pot-pourri*. Tenha muito cuidado se for usar esse método e tiver crianças ou animais de estimação em casa.

### *Pot-pourri* fervido para o inverno

Aqui está um *pot-pourri* simples para usar durante o inverno.

Você vai precisar de:

> 2 colheres de sopa de canela em pó (ou 2 paus de canela grandes ou 3 pequenos)
> 1 colher de sopa de gengibre em pó
> 1 colher de sopa de cravos-da-índia inteiros (ou 1 colher de chá de cravo-da-índia moído)
> 1 colher de sopa de pimenta-da-jamaica em pó
> 1 flor inteira de anis estrelado
> Casca de limão seca e/ou casca de laranja seca (opcional)
> Água

1. Coloque os temperos em uma panela média. Encha a panela com água até 2 cm abaixo da borda.
2. No fogão, aqueça a panela em fogo baixo. Deixe a água ferver para liberar o perfume no ar. Fique de olho no nível da água; quando baixar, coloque mais água e deixe ferver ou retire do fogo. Lembre-se que o aroma vai perdurar mesmo depois de você desligar o fogo e retirar a panela do fogão. O tempo que ele leva para se dissipar depende da sua casa e de como o ar circula nela.

## Pós mágicos

Os pós mágicos para salpicar são usados com a intenção de espalhar a energia de uma erva ou mistura de ervas em um espaço. Eles podem ser deixados permanentemente no ambiente (por exemplo, do lado de fora) ou por um período específico e, em seguida, varridos ou aspirados (se a intenção for absorver a energia negativa ou indesejada).

*Aqui está outro uso para o pó de salpicar: esfregue uma vela com óleo (azeite puro ou um óleo de sua própria fabricação) e, em seguida, role-a sobre um pó de salpicar a fim de carregá-la com as energias do pó que serão associadas à sua oferenda/pedido.*

A maneira mais fácil de preparar um pó mágico é reduzir uma única erva ou mistura de ervas a pó — no liquidificador, moedor de café ou almofariz — e polvilhar a mistura onde desejar que a energia atue. Se preferir, você pode preparar o pó e misturá-lo com um carreador neutro, como amido de milho ou bicarbonato de sódio. (O uso de talco não é recomendado, pois pode causar problemas se for inalado.) Se você usar serragem fina como base, o pó resultante pode ser queimado como um incenso sobre um tablete de carvão (verifique se a serragem usada é segura para queimar; a serragem coletada em marcenarias geralmente é de madeira tratada com produtos químicos; ou seja, perigosa para queimar e inalar).

## Incenso solto

A produção do incenso solto purificador foi discutida no Capítulo 7. Aqui será apresentado um conjunto de instruções básicas para fazer um incenso solto de resina e ervas, queimado em um tablete de carvão.

### Incenso de ervas e resina

Você pode usar qualquer combinação de resinas e matéria vegetal, desde que saiba que são seguras para inalar quando queimadas.

Você vai precisar de:

1 parte de resina (resinas combinadas ou simples)
Almofariz
1 parte de matéria vegetal seca
Frasco pequeno ou potinho de vidro com tampa

1. Coloque a(s) resina(s) no almofariz. Triture devagar a resina com o socador até formar pequenas lascas. Transfira para o potinho de vidro. Se sobrar algum resíduo no almofariz, raspe com cuidado e coloque no pote.
2. Coloque a matéria vegetal seca no almofariz. Moa tudo em pedaços menores e transfira para o pote.
3. Tampe o potinho e agite suavemente para misturar todos os itens. Rotule com os ingredientes e/ou nome e data.

## Bolas de incenso

As bolas de incenso são uma alternativa divertida ao incenso solto e são úteis se você desejar incluir ingredientes líquidos. Os ingredientes básicos são resinas moídas, ervas secas em pó e um líquido (como mel e/ou vinho). Fáceis de usar, essas bolinhas ficam sobre o tablete de carvão, geram pouca sujeira e queimam devagar, mantendo um nível contínuo de liberação de energia. Também são fáceis de armazenar e são boas oferendas no seu santuário, mesmo não sendo queimadas. O termo *bola* em si pode ser enganoso. Na realidade, você vai fazer bolinhas do tamanho de grãos-de-bico ou feijões. Se forem maiores do que isso, não vão queimar direito.

As bolinhas de incenso são queimadas sobre um tablete de carvão. Use carvão para uso interno, geralmente vendido em lojas religiosas ou étnicas. O carvão de bambu, em especial, é uma boa opção, pois não contém salitre e está disponível em mercados asiáticos. Nunca use carvão de churrasco, pois os vapores podem ser tóxicos quando concentrados em ambientes fechados.

Se preferir fazer um incenso combustível — do tipo que queima por si só —, você vai ter de incluir um ingrediente combustível, como serragem fina, e outro aditivo como salitre (nitrato de sódio ou nitrato de potássio) ou carvão vegetal moído, que contém salitre. Se tiver interesse em experimentar esse tipo de incenso, Scott Cunningham tem receitas e instruções em seu livro clássico *O Livro Completo de Óleos, Incensos e Infusões*.

As proporções básicas para fazer bolinhas de incenso são:

> 1 xícara de mistura para incenso solto (feita de resinas, madeiras, ervas, flores)
> 1/2 xícara de frutas secas picadas (como passas, cascas de frutas, groselhas, damascos)
> 1 colher de sopa de mel
> Um pouco de azeite ou vinho

Aqui está uma lista de ingredientes sugeridos para bolinhas de incenso. Você não precisa usar todos; escolha entre os listados. Apenas lembre-se de manter uma proporção de 1:1 entre as resinas e a matéria vegetal.

- Resinas: Mirra, olíbano, benjoim, copal.
- Ervas: Raiz de íris, lavanda, sândalo, pétalas de rosa, cedro, canela, noz-moscada, louro, cravo-da-índia, gengibre, alecrim.
- Líquidos e ingredientes para dar liga: Mel, vinho, frutas em passas ou damascos e groselhas.
- Óleos essenciais: Você também pode adicionar algumas gotas de óleo essencial para realçar o aroma de uma das ervas que esteja usando ou para complementá-la.

## Bolinhas de incenso

Deixe as bolinhas secarem em uma superfície plana antes de colocá-las em um pote fechado para finalizar a secagem e para maturar. Guardar bolinhas úmidas em um pote é muito arriscado, pois as partes úmidas podem mofar ou grudar umas nas outras, formando uma massa que dificulta a remoção de uma única bolinha para que você possa queimar.

Aqui está uma dica para facilitar a tarefa de triturar ou moer resinas: congele-as por 15 minutos antes de triturá-las. Isso facilita a moagem. Também reduz a possibilidade de o calor da fricção derreter a resina e grudá-la no almofariz.

Você vai precisar dos seguintes itens nas proporções já mencionadas:

Resinas de sua escolha
Almofariz
Tigela para misturar (ou moedor de café)
Ervas de sua escolha
*Hashi*
Líquido e algum outro ingrediente para dar liga (como mel ou vinho; frutas picadas também podem ser acrescentadas)
Óleos essenciais de sua escolha (opcional)
Luvas de borracha
Bandeja ou assadeira forrada com papel manteiga
Potinho de vidro ou frasco com tampa

1. Triture as resinas no almofariz ou moa em um moedor de café (usado apenas para esse fim). Elas não precisam ser reduzidas a pó, apenas a lascas pequenas. Lembre-se de que o calor da fricção ao triturá-las pode derreter um pouco as resinas e torná-las pegajosas. Despeje as resinas trituradas em uma tigela.

2. Moa as ervas secas em pedaços pequenos e despeje na mistura de resina. Use um *hashi* para misturar.

3. Misture as frutas secas picadas, se for usá-las como parte do material aglutinante. Regue a mistura com o mel e o vinho, seguidos dos óleos essenciais, se for usá-los. Misture bem. A mistura deve começar a formar uma massa. Tente formar uma bolinha; se a mistura se desfizer, umedeça-a acrescentando um pouco mais de mel ou vinho e teste outra vez.

4. Coloque as luvas de borracha. Pegue um pouco da mistura e forme bolinhas do tamanho de um grão-de-bico ou um pouco maiores. Coloque as bolinhas na bandeja forrada com papel manteiga para que possam endurecer e deixe secar pelo período de 10 dias a 2 semanas (dependendo da quantidade de fruta ou líquido que você usou). Transfira as bolinhas para um pote com tampa. Rotule o pote com os ingredientes e/ou nome e data.

# Costuras e trabalhos com agulha

O trabalho com agulha de qualquer tipo é um método para alterar, mudar, transformar ou reorganizar alguma coisa e, dessa forma, é uma excelente base para o trabalho mágico relacionado ao lar. Seja um trabalho simples como fazer a bainha de novas cortinas ou confeccionar uma toalha de mesa a partir de um retângulo de tecido, seja qualquer outro trabalho manual, a costura pode melhorar e aprofundar a energia da sua casa e da sua lareira espiritual.

Esta seção não vai abordar trabalhos artísticos com agulhas, mas você vai encontrar instruções para um travesseiro de dormir simples. Se estiver interessada em outros trabalhos manuais que envolvam costura e agulhas, procure os livros *Magical Needlework*, de Dorothy Morrison, ou *Witch Crafts* e *The Crafty Witch*, de Willow Polson.

## Travesseiros de ervas

Parte do cuidado com a família e com a casa é garantir que as pessoas durmam o suficiente para estarem bem descansadas e capazes de atuar com eficiência máxima durante o dia. Se você ou seus pequeninos estiverem tendo problemas para dormir, faça um travesseiro minúsculo para acomodar embaixo do travesseiro normal e incentivar um sono reparador. O endro e a alfazema são associados ao sono.

Experimente utilizar um material com tramas grossas, como feltro; do contrário, lasquinhas de endro seco podem vazar pelo tecido. Se desejar usar um pano mais fino, trabalhe com duas camadas. A cor ou estampa são sua escolha, mas procure usar uma cor suave ao invés de algo vibrante ou saturado.

Você vai precisar de:

> Retângulo de tecido medindo aproximadamente 13 x 18 cm
> Agulha e linha (um fio de cor complementar ou combinando)
> 1 punhado de endro seco
> 1 punhado de lavanda seca

1 colher de chá de raiz de íris em pó
Tigela pequena
Alfinetes simples

1. Dobre o pano em dois, de modo a ter um retângulo menor. Se estiver usando um tecido com direito e avesso, dobre direito com direito. Costure ao longo de dois dos lados abertos com um ponto corrido, criando um formato semelhante a um bolso. Desvire para que as costuras fiquem para dentro.
2. Junte o endro, a lavanda e o pó de raiz de íris na tigela e mexa com os dedos para que a mistura fique uniforme.
3. Despeje a mistura de ervas no saquinho.
4. Dobre as beiradas do lado aberto para dentro em direção à mistura de ervas. Prenda com alfinetes e costure.
5. Coloque o travesseirinho dentro da fronha do travesseiro normal. Se for para uma criança pequena, deixe o travesseiro em uma prateleira ou pendure-o em um gancho ou prego na parede ao lado da cama, certificando-se de que esteja fora do alcance da criança.

# Garrafas mágicas

Uma garrafa mágica é uma coleção de itens de energia semelhante reunidos em um lugar para um propósito específico. Também chamadas de garrafas de bruxa, em geral são usadas para proteção, mas você pode escolher o tema que desejar. A garrafa pode ser temporária ou permanente, conforme sua necessidade. Se for permanente, você pode querer torná-la o mais atraente possível, para facilitar a exibição no seu santuário ou no cômodo onde ela foi projetada para funcionar. Você pode até pintá-la com uma cor sólida ou desenhos abstratos.

A técnica básica para garrafas mágicas é simples. Em um frasco de vidro ou garrafa de qualquer tamanho apropriado para sua finalidade, coloque:

>   Ervas que apoiam seu objetivo
>   Cristais que apoiam seu objetivo
>   Moedas
>   Símbolos (pequenas figuras feitas de argila ou desenhadas em papel)
>   Anotações em papel (enrolado e amarrado com fio de seda ou de algodão na cor apropriada)

Feche bem a tampa e sele-a com cera pingada de uma vela, se quiser. Se você pretende guardar a garrafa em casa, decore-a como desejar com decupagem, colagem, símbolos pintados no exterior (runas, símbolos espirituais, selos ou o que preferir). Depois, para selar sua arte, você pode envernizar a garrafa.

Algumas receitas antigas de garrafas mágicas incluem despejar no frasco um líquido como água ou óleo (para garrafas de bênção ou proteção), vinagre ou até mesmo urina (quase sempre para garrafas de banimento). Isso não é recomendado se você for usar a garrafa dentro de casa ou para exibição.

## Variação de garrafa mágica

Se a garrafa for permanente ou um talismã de proteção ou aprimoramento de algum tipo, experimente esta variação.

1. Em uma loja de artesanato, procure enfeites de vidro transparente para árvores de Natal. Na maioria das vezes, eles são esféricos e vendidos antes das festas de fim de ano. Os acabamentos de metal são removíveis. Pinte o globo primeiro; ele é muito delicado e, se quebrar, você não terá perdido todo o cuidado de recheá-lo com seus ingredientes.

2. Remova o acabamento e encha o globo de vidro com os ingredientes escolhidos. Como a abertura é muito pequena, você vai precisar moer as ervas, usar pequenas lascas de cristais e colocar rolinhos de papel bem pequenos, se for incluí-los. O vidro é muito fino e frágil, por isso tome cuidado. Para facilitar, você pode usar um funil ou produzir um, usando um pedaço de papel enrolado em formato de cone.

3. Sele a tampa dessa versão de garrafa mágica com uma ou duas gotas de cola para evitar que o acabamento solte e o globo caia. Não encha demais o globo, ou ele vai ficar muito pesado.

O resultado é lindo para pendurar nas janelas ou presentear. É uma opção especialmente adequada para amuletos e talismãs de abundância, paz, felicidade e saúde.

# Magia falada

As palavras têm poder. Uma palavra falada move o ar e cria o efeito físico de ondas sonoras que atingem o tímpano. Desse modo, as palavras faladas trazem ideias do reino mental para o mundo físico, um excelente exemplo de manifestação da sua vontade.

Um encantamento é uma palavra refinada para designar uma frase mágica declamada ou palavras que acompanham um gesto mágico. Outras formas são feitiços, preces, hinos e assim por diante. "Palavras mágicas" são usadas nas magias de quase todas as culturas e também na adoração.

Incorporar a magia falada em uma prática espiritual diária não é nada difícil. A magia falada é uma prática muito comum. Pense em dizer: "Chuva, chuva, vá passear, volte outro dia, [nome] quer brincar" ou "Luz da estrela, brilhante estrela" ao ver a primeira estrela da noite. Esse tipo de sabedoria popular, de falar versos após um acontecimento, raramente é visto como magia. Costuma ser visto como uma forma de evitar a má sorte ou apenas como um hábito.

Também conhecidos como "ditos do interior", rimas infantis ou mesmo superstição, esses trechos de sabedoria popular às vezes têm suas raízes em eventos históricos reais (como a rima "Chuva, chuva", que data dos tempos elisabetanos e que dizem ter se originado na tempestade durante a qual a Armada Espanhola foi expulsa do litoral da Inglaterra). Eles também podem ter um aspecto de adivinhação, como o "bem me quer… mal me quer", que pode ser aplicado ao número de corvos vistos em uma revoada ou até mesmo aos espirros.

*Carmina Gadelica*, de Alexander Carmichael, é uma compilação de preces, bênçãos, feitiços e encantamentos das Terras Altas da Escócia, reunidos entre 1855 e 1910.

A magia falada é uma das maneiras mais fáceis de incorporar a prática espiritual ou mágica à sua rotina diária. Escolha momentos específicos e componha ditados curtos ou palavras para falar quando eles ocorrerem. Fazer isso te oferece uma oportunidade de se reconectar conscientemente com a espiritualidade do dia.

Simplifique suas palavras e encantamentos. Quando você analisa os ditos tradicionais, eles quase sempre têm uma batida ou ritmo. Fazer isso com seus próprios encantamentos facilita a mnemônica. Eles não precisam rimar, mas um ritmo ou batida regular ajuda. Use frases curtas para não perder o ritmo do que está fazendo e para que sejam mais fáceis de falar e lembrar. Você não tem de declamá-las; murmurar ou sussurrar é o suficiente.

Aqui está uma lista de horários ou momentos sugeridos para iniciar a magia falada. Você não precisa usar todos eles; são apenas sugestões. Encontre alguns que funcionem para você.

- Acender o forno
- Colocar sal na panela
- Mexer o conteúdo de uma panela
- Arrumar a mesa
- Servir a refeição
- Sentar-se para fazer uma refeição (sim, agradecer!)
- Abrir a porta da cozinha
- Varrer
- Lavar a louça
- Limpar a bancada
- Apagar a luz no fim do dia

Aqui estão alguns exemplos de frases para inspirá-la a criar as suas:

- Enquanto mexe uma panela: "Que a minha vida receba tanto cuidado quanto o alimento que preparo".
- Enquanto serve a refeição: "Que o alimento que está para ser consumido nutra o corpo e a alma da minha família".
- Enquanto varre: "Que todas as energias negativas e desencorajadoras sejam removidas deste lugar".
- Ao apagar a luz da cozinha à noite: "Abençoe esta cozinha e mantenha os que a usam seguros e saudáveis durante a noite".
- Ao abrir a porta: "Que apenas saúde, amor e alegria possam entrar em casa por esta porta".

Os encantamentos e feitiços tradicionais tendem a invocar algum tipo de deidade. Como este livro não está especificamente vinculado a qualquer deidade em nenhuma prática espiritual ou religiosa específica, não há nenhum dito vinculado a uma deidade incluído aqui. No entanto, muitas vezes as pessoas gostam de vincular seus ditos à deidade de sua escolha, e eu a encorajo a fazer o mesmo, se sentir vontade. Você pode apenas acrescentar "Em nome de [deidade]" antes do restante do encantamento.

# Boneca de palha de milho

A arte de fazer uma boneca de palha de milho costuma ser realizada em torno do primeiro festival da colheita no início de agosto[1] (o Lammas é celebrado em alguns países de língua inglesa no hemisfério norte, e o Lughnasadh é um festival gaélico semelhante). Às vezes, essas bonecas são usadas como representações de bruxas de cozinha e penduradas na janela ou acima do fogão para dar sorte. Se desejar fazer uma dessas bonecas todo ano, você pode queimar ou compostar a antiga, que cuidou da sua cozinha no ano anterior. Guarde as palhas quando comer milho fresco no fim do verão; deixe-as sobre um pedaço de jornal por alguns dias, depois reúna tudo em um saco de papel e guarde em um lugar fresco e seco — como a garagem. Na hora de usar, mergulhe as palhas secas em uma travessa rasa com água para amolecê-las um pouco. Molhar as palhas ajuda a deixá-las flexíveis, e assim elas não quebrarão quando você as dobrar. Não é necessário encharcar por muito tempo; cinco a dez minutos devem bastar. Essas palhas também podem substituir os talos de trigo em muitos artesanatos se você as cortar ou rasgar em larguras menores.

## Fazendo uma boneca de palha de milho

Você vai precisar de:

> Entre 15 e 20 pedaços de fio de lã para o cabelo da boneca (cada um com cerca de 30 cm de comprimento), na cor de sua escolha
> Palhas de milho secas amolecidas em água (corte e deixe com cerca de 30 cm de comprimento)
> Pano de prato ou outro pano limpo
> Barbante de algodão de cor natural
> Tesoura
> 1 graveto com cerca de 13 a 15 cm de comprimento e pouco mais de meio centímetro de diâmetro

---

[1] No hemisfério sul, esse festival é celebrado no início de fevereiro.

1. Junte os pedaços de lã e dê um nó em uma das pontas. Escorra as palhas da água em que foram mergulhadas e seque o excesso com o pano.
2. Empilhe 4 palhas umas sobre as outras, alinhando as bordas longas e curtas. Posicione a lã ao longo da parte superior das palhas, com o nó próximo à extremidade estreita. Enrole as palhas em camadas ao redor da lã e amarre o rolo logo acima do nó com um pedaço de barbante. Amarre com força, mas não a ponto de rachar as palhas. Apare as pontas do barbante.
3. Desvire as palhas para baixo sobre o nó para fazer a cabeça da bruxinha. Amarre outro pedaço de barbante em volta das palhas onde será o pescoço. A lã do cabelo agora vai ficar exposta.
4. Para fazer os braços, enrole uma palha e aperte bastante, depois amarre um pedaço de barbante no meio para mantê-la enrolada. Deslize a peça do braço entre as camadas de palhas dobradas. Se preferir, você pode rasgar um pouco a palha do corpo para conseguir posicionar os braços onde desejar. Apare os braços no comprimento desejado e amarre a área de cada pulso com um pedacinho de barbante.
5. Faça a cintura amarrando um pedaço de barbante logo abaixo dos braços.
6. Para fazer uma vassoura, corte um pedaço de 2,5 cm da extremidade mais larga de uma palha. Crie uma franja com esta peça fazendo vários cortes paralelos, mas deixando uma faixa de pouco mais de meio centímetro sem cortar. Com a franja para baixo, enrole a tira ao redor da extremidade do graveto e amarre-a com um pedaço de barbante. Prenda a vassoura a uma das mãos, amarrando-a com um pedaço de barbante.

# **Honrando as estações**

Esta é um ótimo projeto de arte para que toda a família possa se envolver. É especialmente bom para trabalhar com crianças pequenas. Você pode fazer um projeto a cada estação ou escolher festivais ao longo do ano. Quando a colagem estiver concluída, pendure-a na parede ou na geladeira. Se você pretende que este seja um projeto contínuo, escolha um local mais permanente.

## **Colagem sazonal**

Esta colagem pode ser feita em qualquer tamanho; mas, se você usar o tamanho de cartaz grande, em torno de 55 x 70 cm, vai ter espaço suficiente para muitas imagens e itens encontrados.

Como abordagem alternativa, você pode explorar temas ou ideias que sejam significativos para você por meio de um projeto de colagem como este. Pode ser inspirador explorar aspectos de sua espiritualidade criando uma colagem sobre seus ancestrais, uma colagem com o tema harmonia ou o conceito de chama sagrada.

Você vai precisar de:

- Revistas, folhetos, catálogos, cartões comemorativos antigos etc.
- Tesoura
- Fotografias
- Giz de cera, marcadores, lápis de cor
- Papel de desenho ou cartolina
- Cola
- Papel-pluma ou isopor
- Itens encontrados relacionados à estação

1. Recorte imagens de catálogos, revistas, cartões e folhetos associadas à estação (por exemplo, imagens com tema de verão podem incluir bolas de praia, sorvetes, sandálias, chapéus de praia, morangos, sol e assim por diante). Vasculhe as fotografias e escolha aquelas relacionadas ao tema da colagem, eliminando partes delas, se preferir. Faça desenhos ou escreva no papel em branco e recorte.
2. Comece a colar as imagens e palavras no papel-pluma (ou isopor). Você pode dispor as imagens primeiro a fim de encontrar um padrão que lhe agrade ou começar a colá-las como se sentir inspirada a fazer — e assim permitir que a colagem se forme de maneira natural.
3. Inclua itens encontrados (galhos, pedrinhas, gramas, conchas etc.) na colagem. Isso pode ser feito como uma atividade contínua, ao longo da estação à medida que os itens sejam descobertos.
4. Remova o painel no próximo início de estação e comece uma nova colagem sazonal. As colagens anteriores podem ser datadas e mantidas como um registro, embora talvez você prefira armazená-las em sacos de lixo para proteger os itens encontrados (se forem usados).

# Criando figuras e símbolos mágicos

Esta receita cria uma massa não comestível que você pode usar para fazer pequenas figuras, símbolos e enfeites. Se desejar secar e guardar suas criações, não as faça muito grossas nem grandes. O material não é feito para projetos de grande escala.

A massa básica tem uma cor neutra, mas você pode colorir adicionando gotas de corante alimentício, tinta têmpera em pó ou um pacotinho de refresco em pó. Pode ser armazenada na geladeira em sacos plásticos vedados por dois ou três meses.

## Variações de massa

Existem diversas variações desta receita de massa encontradas on-line e em livros de atividades para crianças. Brinque com as proporções dos ingredientes até encontrar uma variação da qual você goste. Esta variação rende cerca de 2 xícaras de massa.

Você vai precisar de:

2 xícaras de farinha de trigo
¾ de xícara de sal
2 colheres de sopa de cremor de tártaro
2 xícaras de água
1 colher de sopa de óleo
Corante alimentar ou outro corante (opcional)

1. Em uma panela média em fogo baixo, misture os ingredientes secos.
2. Em um copo medidor, misture a água e o óleo. Junte a mistura aos ingredientes secos em fogo baixo, mexendo sempre. Acrescente o corante em pó, se for usar.
3. Mexa enquanto a mistura engrossa. Retire do fogo quando ela começar a se soltar das laterais da panela e formar uma bola.
4. Deixe a massa esfriar. Se desejar colorir usando corante alimentício líquido ou em gel, separe a massa em quantas cores pretende criar; acrescente uma ou duas gotas de corante alimentício a cada bola e trabalhe a massa para incorporar a cor.
5. Para armazenar a massa, coloque-a em sacos plásticos com fecho e extraia o máximo de ar que conseguir, depois guarde na geladeira. Deixe atingir a temperatura ambiente antes de usá-la.

As criações que você fizer com essa massa podem ser secadas ao ar livre em um local seguro; vai demorar cerca de uma semana. Coloque-as sobre um quadrado de papel manteiga e deixe-as no parapeito da janela ou em cima da geladeira, virando-as regularmente. Se preferir secá-las no forno, disponha-as em uma assadeira forrada com papel alumínio e asse por pelo menos 1 hora a cerca de 120°C. Objetos mais grossos podem secar por fora e, depois, a parte de dentro pode se liquefazer e vazar por uma rachadura; por isso, aqueça as peças devagar. As peças endurecidas resultantes são frágeis; manuseie-as com cuidado. Depois de secos, os objetos podem ser pintados e envernizados para que fiquem mais resistentes.

# Feitiços e rituais

*Capítulo 11*

Este capítulo é uma coleção de feitiços e rituais voltados para o lar e a lareira, a maioria utilizando os símbolos do caldeirão e da chama sagrada de alguma forma. Purificações e limpezas também são o foco principal, já que boa parte do trabalho espiritual no lar consiste em manter a energia do ambiente o mais limpa e positiva possível com o intuito de apoiar e nutrir as pessoas que vivem nele.

Lembre-se de que, no contexto da magia de lareira, a palavra *ritual* significa apenas algo identificado como trabalho espiritual intencional e realizado com atenção plena, nada complicado nem confuso. Embora sejam apresentados de maneira simples aqui, você pode formalizar esses rituais de acordo com o seu desejo.

# Acendendo uma lamparina a óleo ou uma vela

Esta prece tem seu foco no uso de uma vela ou lamparina a óleo como símbolo da presença do Espírito. Diga o seguinte ao acendê-la.

*Chama sagrada,*
*Queime intensamente no meu coração.*
*Eu acendo esta chama em reconhecimento à sua santidade.*
*Abençoe-me, chama sagrada,*
*Com a sua luz.*

# Consagrando velas ou combustível

Imponha as mãos sobre o óleo ou as velas e visualize a chama sagrada representada pela lareira queimando no seu coração. Visualize o fogo fluindo do seu coração para os braços e descendo para as mãos. Visualize a luz fluindo das suas mãos para as velas ou combustível, banhando-os na energia da lareira espiritual. Diga:

*Eu dedico estas velas/este óleo ao serviço*
*da minha lareira espiritual.*

# Feitiços e rituais do caldeirão

Como o caldeirão é um símbolo de transformação, transmutação, sabedoria e abundância, é fácil incorporá-lo ao trabalho espiritual caseiro. Em vez de repetir os rituais já abordados, a parte a seguir vai refrescar sua memória em relação às meditações e orações do caldeirão no Capítulo 4 e te oferecer mais algumas para inspirá-la a criar as suas.

## Feitiço da harmonia no caldeirão

Quando sua casa não estiver muito calma ou se os membros da família estiverem passando por momentos difíceis fora de casa, dê um impulso aos aspectos de descanso e renovação da lareira espiritual com este pequeno feitiço. Ele envolve os símbolos do caldeirão e da chama.

Você vai precisar de:

> Sal ou areia (o suficiente para formar uma camada de cerca de 4 cm no caldeirão — ou mais, se a vela for alta)
> Caldeirão (pode ser um pequeno)
> Vela azul-clara
> Fósforos ou isqueiro

1. Despeje uma camada de sal ou areia no fundo do caldeirão.
2. Enterre a base de uma vela azul-clara no sal ou areia. Acenda-a, dizendo:

   *Minha lareira espiritual é um lugar de descanso e renovação.*
   *Ela nutre a mim e aos que estão sob os meus cuidados.*
   *Com esta vela, eu invoco a paz e a harmonia nesta casa.*

3. Deixe o caldeirão e a vela no análogo físico da sua lareira espiritual ou no seu santuário da cozinha.

# Limpeza da soleira

Aqui está um ritual alternativo e mais simples para limpar a soleira ou degrau da sua porta de entrada. Não envolve o aspecto de proteção extensiva do Ritual de Proteção da Soleira no Capítulo 7, o que o torna ideal para uso regular.

## Ritual de limpeza da soleira

O vinagre é um grande destruidor da negatividade, assim como o sal; cravos-da-índia dão um toque de energia purificadora.

Você vai precisar de:

> 1 xícara de água
> 1 colher de sopa de vinagre
> 1 colher de sopa de sal
> 3 cravos-da-índia inteiros
> Tigela ou balde
> Pano de limpeza

1. Misture a água, o vinagre, o sal e os cravos-da-índia no recipiente e deixe macerar em local ensolarado por pelo menos 1 hora.

2. Mergulhe o pano no líquido e lave a soleira da porta. Ao fazer isso, visualize qualquer negatividade agarrada a ela se dissipando. Diga: *Eu, por meio deste ritual, limpo a energia negativa desta soleira.*

3. Repita regularmente e conforme necessário.

# Bênção da casa

Este é um ritual completo de várias etapas para abençoar a sua casa. Ele é básico e usa os quatro elementos físicos — terra, água, ar e fogo — para purificar e abençoar a estrutura e o espaço. Se desejar, após esta bênção você pode fazer o Ritual de Proteção da Soleira no Capítulo 7.

## Ritual de bênção da casa

Você vai precisar de:

> Produtos de limpeza
> Incenso de purificação (veja no Capítulo 7)
> Incensário ou tigela refratária com areia
> Tablete de carvão (se estiver usando incenso solto)
> Fósforos ou isqueiro
> Vela e castiçal (cor de sua escolha)
> Copinho com água
> Uma pitada de sal

1. Conserte o que precisa ser consertado na casa. Limpe minuciosamente paredes, pisos, janelas, armários, escadas e assim por diante. Ao fazê-lo, mova-se no sentido anti-horário pela casa, terminando por varrer a sujeira para fora pela porta dos fundos, e sacudindo os panos de tirar pó e esvaziando a água da lavagem também pela porta dos fundos.

2. Começando no análogo físico da sua lareira espiritual, acenda um incenso de purificação (como a mistura solta descrita no Capítulo 7). Algo como olíbano, sândalo ou cedro também funcionaria bem, se preferir usar uma vareta ou cone comprados.

3. Leve o incenso no sentido horário pela casa, passando pelos cômodos. Não se esqueça de soprar a fumaça nos armários e atrás das portas. Ao fazê-lo, diga: *Com fogo e ar eu abençoo esta casa.*

4. Traga o incenso de volta para a lareira.

5. Acenda a vela. Leve-a no sentido horário pelos cômodos da casa da mesma forma, dizendo: *Com luz e chama eu abençoo esta casa.*
6. Devolva a vela à lareira.
7. Pegue o copo d'água e adicione o sal. Leve-o no sentido horário através de cada cômodo da casa outra vez. Mergulhe o dedo na água salgada e toque na parte externa de cada batente de porta, depois na parte interna e no batente de cada janela e armário, dizendo: *Com água e sal eu abençoo esta casa.* Se preferir, em vez de tocar o dedo na moldura ou porta, você pode desenhar algum símbolo que represente uma bênção para você. Retorne a água para a lareira.
8. Fique diante da sua lareira e diga: *Fogo, água, ar e terra, abençoem a minha casa e todos aqueles que nela habitam.*

## Bênção de um cômodo

Este ritual se concentra em um único cômodo e usa suas associações com ele como base para a bênção. Como parte da bênção, você vai criar uma bolsinha para pendurar ou deixar no cômodo. Em preparo para esta bênção, reserve um tempo para se sentar no espaço que deseja abençoar e pensar na identidade dele. A energia do cômodo faz você pensar em que cor? Use essa cor para ajudar customizar a bênção. Você pode escolher uma fita ou tecido dessa cor para a trouxinha que vai criar. Se optar por usar uma fita colorida, use um tecido branco; se escolher um pano colorido, use uma fita branca. A vela pode ser branca ou da cor que desejar.

É possível personalizar ainda mais essa bênção do cômodo escolhendo cristais ou cores diferentes de acordo com suas energias — aquelas que você deseja introduzir ou fortalecer no espaço.

### Ritual de bênção de um cômodo

Você vai precisar de:

>Vela no castiçal (branca ou colorida)
>Fósforos ou isqueiro
>Uma pitada de sal (para a água)
>Copinho com água
>Quadrado de tecido 10 x 10 cm (branco ou colorido)
>1 ametista ou quartzo transparente pequenos
>Uma pitada de sal (para a bolsinha)
>1 centavo ou qualquer outra moeda
>Fita com cerca de 25 cm de comprimento (branca ou colorida)

1. Acenda a vela e posicione-a no centro do cômodo. Diga:

    *À luz desta chama sagrada,*
    *Eu abençoo este cômodo.*
    *Que ele seja um lugar de harmonia.*

2. Coloque a pitada de sal no copo d'água. Mergulhe o dedo nele e desenhe uma linha ao longo do comprimento da soleira. Diga:

    *Com esta água e este sal,*
    *Eu abençoo a soleira deste cômodo.*
    *Que aqueles que entram conheçam a paz.*

3. Coloque a pedra, a pitada de sal e a moeda sobre o quadrado de pano, dizendo:

    *Esta pedra para harmonia,*
    *Este sal para proteção,*
    *Esta moeda para abundância.*

4. Junte as pontas do tecido e amarre com a fita, formando uma trouxinha. Passe-a por cima da chama da vela com cuidado, dizendo:

    *Eu selo esta bênção com fogo.*
    *Que este cômodo sempre conheça a luz e o amor.*

5. Pendure o amuleto sobre a porta — ou deixe-o em algum lugar do cômodo onde sua energia possa continuar a abençoá-lo — e diga:

    *Este cômodo está abençoado.*

# Purificação pessoal

Esta é uma autopurificação simples para fazer antes de uma atividade importante ou um ótimo jeito de relaxar durante uma atividade caso sinta que está começando a ficar nervosa, ou se estiver com medo ou ansiosa por algum motivo. Também é um excelente jeito de começar ou terminar o dia. É especialmente útil quando você quer se concentrar em algo e sua mente fica divagando ou não consegue se concentrar na tarefa que está tentando realizar.

## Ritual de purificação pessoal

A vela a ser usada pode ser aquela que você acende regularmente na cozinha enquanto trabalha ou a que você guarda para esse propósito específico ou para purificações em geral. Ela não precisa ser queimada por completo.

Você vai precisar de:

>Vela pequena (cor de sua escolha; branco é sempre bom)
>Fósforos ou isqueiro
>Tigela pequena ou pires com sal

1. Acenda a vela e coloque-a sobre a mesa.
2. Traga a tigela de sal para a mesa e sente-se. Reserve um tempo para se acomodar e sentir-se presente e atenta aos seus gestos.
3. Limpe a mente respirando fundo algumas vezes e levante as mãos. Coloque os dedos na tigela de sal.
4. Feche os olhos e respire fundo. Ao expirar, visualize toda e qualquer energia negativa ou emoção indesejada fluindo pelos braços e saindo pelos dedos, sendo absorvida pelo sal.
5. Continue a fazer isso pelo tempo que for necessário para se livrar da energia ou emoção indesejada.
6. Tire os dedos do sal e abra os olhos. Concentre-se na vela acesa em cima da mesa. Inspire e, ao fazer isso, visualize o calor e o brilho da chama sendo atraídos para o seu corpo, enchendo-o de luz e beleza.
7. Faça isso até sentir-se revigorada, focada e calma. Apague a vela. Descarte o sal dissolvendo-o em água e despejando na pia.

# Criando um espaço sagrado

Se desejar criar um espaço sagrado de maneira mais definida para o trabalho espiritual, você pode usar este método simples. É verdade que a casa em si é um espaço sagrado, mas há momentos em que você pode precisar definir uma área distinta como especialmente sagrada por algum motivo. Pense neste método como a purificação de um espaço determinado, de maneira que ele esteja imediatamente disponível para um trabalho espiritual específico.

## Crie um espaço sagrado

Este é um jeito simples de criar um espaço sagrado. Se for difícil se movimentar pelo espaço que deseja definir, você pode girar sem sair do lugar e despertar o elemento nos quatro pontos cardeais, visualizando a energia elemental fluindo para fora do símbolo em suas mãos e afastando toda e qualquer energia indesejada.

Você vai precisar de:

Vela em um castiçal
Incenso e incensário
Fósforos ou isqueiro
Copinho com água
Prato pequeno com sal, areia ou terra

1. Acenda a vela e o incenso. Reserve um minuto para estar totalmente atenta ao momento.

2. Carregue o incenso pelo ambiente em que deseja trabalhar, dizendo:

    *Abençoo este espaço com ar.*

3. Carregue a vela pelo ambiente, dizendo:

    *Abençoo este espaço com fogo.*

4. Carregue o copo d'água pelo ambiente, dizendo:

    *Abençoo este espaço com água.*

5. Carregue o sal pelo ambiente, dizendo:

    *Abençoo este espaço com terra.*

6. Volte ao ponto de partida e feche os olhos. Abra o seu coração e conecte-se à sua lareira espiritual. Diga:

    *Eu invoco o poder da lareira espiritual para abençoar este espaço.*

O espaço sagrado não precisa ser dispensado nem desfeito de maneira alguma quando você terminar. A energia do ambiente ao redor vai fluir gradualmente por ele e trazer de volta seu estado diário.

# Outras receitas mágicas

Aqui está uma coleção de pós, óleos e incensos caseiros que podem ter várias aplicações quando você se envolver em atividades espirituais na sua casa.

## Pó purificador para carpetes e pisos

Este pó contém ingredientes que eliminam as energias negativas, além de ter a vantagem prática de absorver os maus odores e refrescar o ambiente físico. Você também pode salpicá-lo em móveis forrados de tecido. Ele não é tóxico e, portanto, é seguro para ser usado em ambientes que tenham a presença de animais de estimação.

### Pó purificador

Você vai precisar de:

- 1/2 xícara de sal
- 2 colheres de sopa de hortelã
- 1 colher de sopa de cascas de limão desidratadas
- 1 colher de sopa de lavanda
- 1 colher de sopa de alecrim
- 1 colher de chá de cravo-da-índia moído
- Almofariz ou moedor de café
- 1 xícara de bicarbonato de sódio

1. Triture o sal, a hortelã, a casca de limão, a lavanda, o alecrim e o cravo-da-índia no almofariz ou em um moedor de café reservado para uso em magia e artesanato.
2. Misture o pó resultante com o bicarbonato de sódio.
3. Salpique a mistura sobre tapetes e pisos e deixe descansar por pelo menos duas horas, de preferência da noite para o dia.
4. Aspire ou varra. Descarte o conteúdo do saco ou pá de lixo fora de casa.

## Sinergias de óleo

Este livro não abordou de fato o preparo de seus próprios óleos essenciais, pois nem todo mundo tem os ingredientes necessários em casa. Se você gosta de trabalhar com eles ou desejar experimentar, aqui estão algumas receitas de misturas caseiras. As sinergias de óleos exigem um óleo de base ou carreador, como semente de uva, amêndoas doces, jojoba ou outro óleo leve. Se necessário, o azeite também funciona — apesar de não ser o ideal. Se você for alérgica a um óleo específico, não o utilize; substitua-o por outro.

Experimente as receitas a seguir. Ajuste-as conforme necessário para refletir os resultados que estiver buscando. Pingue algumas gotas da mistura no novo saco do aspirador de pó ao trocá-lo. O ar da casa terá um aroma sensacional após você aspirá-la! Os óleos também podem ser friccionados em velas e usados como óleo de unção em objetos ou soleiras — ou até em você mesma, se precisar de um estímulo.

## Óleo da lareira

Esta é uma mistura feita para representar a energia de uma lareira idealizada. Ele contém óleo de canela, que pode causar irritações; por isso, tome cuidado ao misturá-lo.

> 1 gota de óleo de canela
> 2 gotas de óleo de sândalo
> 4 gotas de óleo de lavanda
> 1 gota de óleo de jasmim
> 1 gota de óleo de rosa
> 2 gotas de óleo de olíbano
> 1 gota de óleo de pinheiro
> 1 colher de sopa de óleo carreador

Misture e armazene em um frasco. Rotule com os ingredientes e a data.

## Óleo para limpeza e energização

Este óleo tem uma ótima energia de renovação. Acrescente algumas gotas na água que você usa para limpar o chão ou em um pano úmido ao limpar as bancadas.

> 5 gotas de óleo de limão
> 5 gotas de óleo de laranja
> 2 gotas de óleo de hortelã
> 3 gotas de óleo de lavanda
> 1 colher de sopa de óleo carreador

Misture e armazene em um frasco. Rotule com os ingredientes e a data.

## Óleo de purificação

Use este óleo na unção de objetos que precisam de purificação ou na limpeza de cristais ou itens que você tenha usado para ajudar a manter ou equilibrar a energia de um cômodo. Você também pode pingar uma ou duas gotas nos pulsos ao realizar o Ritual de Purificação Pessoal (veja no início deste capítulo).

> 5 gotas de óleo de olíbano
> 3 gotas de óleo de sândalo
> 2 gotas de óleo de limão
> 2 gotas de óleo de lavanda
> 2 gotas de óleo de rosa
> 1 colher de sopa de óleo carreador

Misture e armazene em um frasco. Rotule com os ingredientes e a data.

## Óleo para abençoar

Use este óleo para ungir objetos quando desejar instilar neles um pouco de energia positiva do Divino ou da lareira espiritual. Esta mistura pode ser usada no lugar do óleo puro no Ritual de Reconhecimento da Sacralidade da Lareira no Capítulo 3.

>   4 gotas de óleo de sândalo
>   4 gotas de óleo de rosa
>   4 gotas de óleo de olíbano
>   1 colher de sopa de óleo carreador

Misture e armazene em um frasco. Rotule com os ingredientes e a data.

## Óleo para selar

Use este óleo para isolar e proteger espaços ou itens. Ele também é usado no Ritual de Proteção da Soleira no Capítulo 7.

>   1 colher de sopa de óleo carreador
>   3 pitadas de sal
>   1 cravo-da-india inteiro
>   1 folha de sálvia

1. Combine todos os ingredientes em um frasco. Rotule com os ingredientes, o propósito e a data. Deixe descansar em local ensolarado e infundir por pelo menos nove dias antes de utilizar.

2. Para usá-lo, mergulhe o dedo no óleo e desenhe uma linha diagonal ou ao longo do espaço que você está selando (em torno de um batente ou moldura da janela, ao longo de uma parede, cruzando uma soleira etc.).

# Misturas para incenso

Aqui estão algumas receitas de misturas para incenso. Misture-os de acordo com as instruções no Capítulo 7 (Incenso solto, Incenso purificador) e no Capítulo 10 (Incenso de ervas e resina, Bolas de incenso).

## Purificação

Aqui está uma receita alternativa para criar um incenso solto de purificação. Não mencionei as medidas exatas porque, exceto pelo equilíbrio de uma parte de resina com uma parte de matéria vegetal seca, as proporções dependem de você.

> Alecrim
> Sálvia
> Cravo-da-índia
> Resina de olíbano
> Resina de mirra

Misture e armazene em um frasco ou potinho de vidro de acordo com as instruções no Capítulo 7 (Incenso solto, Incenso purificador).

## Incenso ancestral

Bom para homenagear os ancestrais ou pedir sua ajuda e apoio.

> Alecrim
> Sálvia
> Resina de mirra

Misture e armazene de acordo com as instruções no Capítulo 7 (Incenso solto, Incenso purificador).

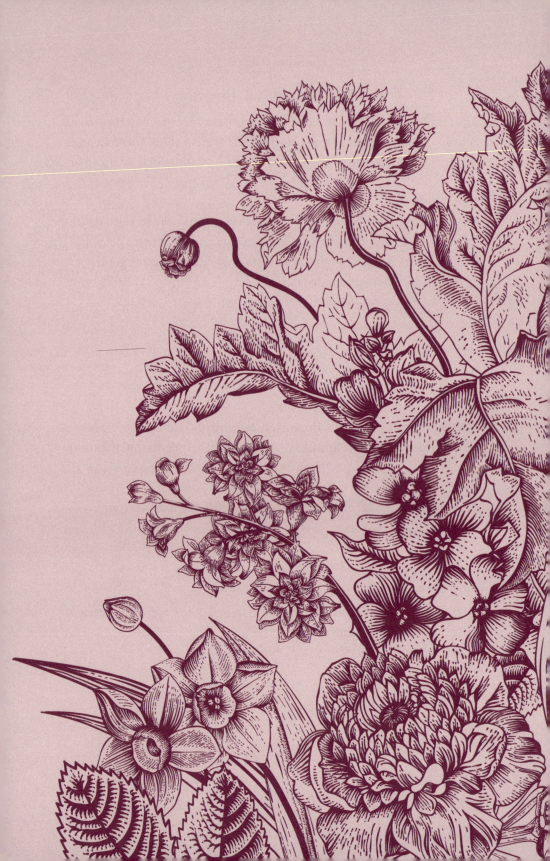

## *Posfácio*

Enquanto eu escrevia este livro, em várias ocasiões meus pensamentos moveram-se mais rápido do que os dedos e, como resultado, o "fogo da lareira" muitas vezes saiu como "fogo do coração" (em inglês, *hearth* significa *lareira* e *heart* significa *coração*). Às vezes eu me pergunto se meu subconsciente estava tentando me dizer alguma coisa com isso.

A magia de lareira diz respeito a honrar o lar como entidade espiritual e lugar sagrado. As dicas e técnicas discutidas neste livro não são o que torna uma lareira sagrada; o modo como você vive é que define a sacralidade da casa e a vida que ali acontece, como uma influência espiritual positiva para aqueles que a habitam e a visitam. No fim, sua espiritualidade caseira é o que você faz dela.

Espero que este livro tenha ajudado você a explorar a maneira de pensar no seu lar enquanto lugar sagrado e tenha inspirado algumas ideias. O conceito também não se limita, de forma alguma, ao que estas páginas contêm; a percepção de cada um sobre o sagrado é diferente, assim como os lares e as práticas de cada um são distintas. Buscamos e encontramos sacralidade e bênçãos em muitos lugares diferentes. Desejo paz e alegria no seu caminho.

# Ingredientes e suprimentos

## *Apêndice*

Esta é uma breve lista das energias associadas a ervas e suprimentos de cozinha para uso com diversos propósitos espirituais e mágicos. Não é de maneira alguma uma lista definitiva. Se estiver procurando um bom livro de referência para ajudá-la a explorar as energias associadas a cristais e plantas, a *Enciclopédia de Ervas Mágicas do Cunningham* e a *Enciclopédia Cunningham de Cristais, Pedras Preciosas e Metais* são bons lugares para começar.

**Bênção:** azeite, sal, água
**Proteção:** alecrim, sal, cravo-da-índia, angélica, louro, erva-doce, arruda, sálvia
**Alegria:** lavanda, limão, laranja
**Amor:** rosa, manjericão, maçã, cardamomo, baunilha
**Comunicação:** alfazema, manjericão, cravo
**Purificação:** sal, erva-doce, arruda, sálvia, limão

**Abundância:** manjericão, pimenta-da-jamaica, canela, semente de feno-grego, hortelã
**Energia e ação:** canela, gengibre, cravo-da índia, pimenta chili
**Saúde:** gengibre, limão, maçã, semente de feno-grego, angélica, coentro, sálvia, laranja
**Meditação:** anis, olíbano, sândalo
**Purificação:** angélica, sálvia, cravo-da-índia, sal, bicarbonato de sódio, limão, rosa

# Lista básica de referência de cores

## *Apêndice*

Se um tema ou energia que você procura não estiver nesta lista, pense no tema e escolha a cor que a sua intuição sugerir. Essa é uma boa regra ao analisar qualquer lista de referência de cores: todo mundo é diferente, e o vermelho de uma pessoa pode ser o azul de outra.

**Vermelho:** vida, paixão, ação, energia, fogo
**Rosa:** afeto, amizade, cuidado
**Laranja:** sucesso, velocidade, carreira, ação, alegria
**Amarelo:** assuntos intelectuais, comunicação
**Verde-claro:** cura, desejos
**Verde-escuro:** prosperidade, dinheiro, natureza
**Azul-claro:** verdade, espiritualidade, tranquilidade, paz
**Azul-escuro:** cura, justiça
**Violeta:** misticismo, meditação, espiritualidade
**Roxo:** poder oculto, espiritualidade
**Preto:** proteção, fertilidade, mistério, meditação, renascimento
**Marrom:** estabilidade, lar, carreira
**Branco:** pureza, desenvolvimento psíquico, bênção
**Cinza:** calma, trabalho espiritual, fim harmonioso de uma disputa, neutralização de energias ou situações

# Bibliografia

Ariana. *House Magic: The Good Witch's Guide to Bringing Grace to Your Space.* Berkeley, CA: Conari Press, 2001.

Carmichael, Alexander. *Carmina Gadelica Volume One.* The Sacred Text Archive. www.sacred-texts.com/neu/celt/cg1/index.htm (acessado em 23 de novembro de 2007).

_____. *Carmina Gadelica Volume Two.* The Sacred Text Archive. www.sacred-texts.com/neu/celt/cg2/index.htm (acessado em 23 de novembro de 2007).

Clines, David J.A. "Sacred Space, Holy Places and Suchlike". Reimpresso em *On the Way to the Postmodern: Old Testament Essays 1967—1998, Volume 2 (Journal for the Study of the Old Testament, Supplement Series 292;* Sheffield, UK: Sheffield Academic Press, 1998).

Cunningham, Scott. *O Livro Completo de Óleos, Incensos e Infusões.* São Paulo, SP: Editora Gaia, 2005.

_____. *Enciclopédia Cunningham de Cristais, Pedras Preciosas e Metais.* São Paulo, SP: Editora Madras, 2011.

_____. *Cunningham's Encyclopedia of Magical Herbs.* 2ª edição. St. Paul, MN: Llewellyn Publications, 2000.

_____. *A Casa Mágica: Fortaleça seu Lar com Amor, Proteção,*

Saúde e Felicidade. São Paulo, SP: Editora Gaia, 1999.

_____. *Spell Crafts: Creating Magical Objects.* St. Paul, MN: Llewellyn Publications, 1999.

Dixon-Kennedy, Mike. *Celtic Myth & Legend: An A—Z of People and Places.* London, UK: Blandford, 1997.

Eliade, Mircea. *Padrões das religiões comparadas.* Londres, RU: Sheed & Ward, 1958.

_____. *O Sagrado e o Profano: A Natureza da Religião.* Londres, RU: Sheed & Ward, 1958.

*Encyclopedia of Shinto.* http://eos.kokugakuin.ac.jp/modules/xwords/entry.php?entryID=208 (acessado em 22 de fevereiro de 2008).

Frost, Seena B. *Soulcollage: An Intuitive Collage Process for Individuals and Groups.* Santa Cruz, CA: Hanford Mead Publishers, 2001.

Guirand, Felix, ed. *New Larousse Encyclopedia of Mythology.* 2ª edição. Traduzido por Richard Aldington e Delano Ames. Londres, RU: Hamlyn Publishing Group, 1968.

Homero. *Os Hinos Homéricos.* Perseus Digital Library. www.perseus.tufts.edu/hopper/text?doc=Perseus:text:1999.01.0138 (acessado em 3 de julho de 2018).

Ingrassia, Michele. "How the Kitchen Evolved". Newsday.com, 2004. https://web.archive.org/web/20080408045613/www.newsday.com/community/guide/lihistory/ny-historyhome-kitchen,0,2541588.story?coll=ny-lihistory-navigation (acessado em 8 de abril de 2008).

Kesten, Deborah. *Feeding the Body, Nourishing the Spirit: Essentials of Eating for Physical, Emotional, and Spiritual Well-Being.* Berkeley, CA: Conari Press, 1997.

Lawrence, Robert Means. *The Magic of the Horse-Shoe with Other Folk-Lore Notes.* Boston, MA: Houghton Mifflin & Co., 1898. www.sacred-texts.com/etc/mhs/mhs00.htm (acessado em 8 de fevereiro de 2008).

Lin, Derek. "Drink Water, Think of Source". www.taoism.net/living/1999/199909.htm (acessado em 11 de janeiro de 2008).

Linn, Denise. *Altars: Bringing Sacred Shrines Into Your Everyday Life.* Nova York, NY: Ballantine Wellspring, 1999.

_____. *Sacred Space: Clearing and Enhancing the Energy of Your Home.* Nova York, NY: Ballantine Wellspring, 1995.

McMann, Jean. *Altars and Icons: Sacred Spaces in Everyday Life.* San Francisco, CA: Chronicle Books, 1998.

Mickaharic, Draja. *Spiritual Cleansing: A Handbook of Psychic Protection.* York Beach, ME: Weiser, 1982.

Morrison, Dorothy. *Everyday Magic: Spells & Rituals for Modern Living.* St. Paul, MN: Llewellyn Publications, 1998.

_____. *Magical Needlework.* St. Paul, MN: Llewellyn Publications, 2002.

Murphy-Hiscock, Arin. *Power Spellcraft for Life.* Avon, MA: Provenance Press, 2005.

_____. *Bruxa Natural.* Rio de Janeiro, RJ: DarkSide, 2021.

_____. *Protection Spells.* Avon, MA: Adams Media, 2018.

Oxford University Press. *Shorter Oxford English Dictionary.* 5ª edição. Oxford, UK: Oxford University Press, 2003.

Polson, Willow. *The Crafty Witch.* Nova York, NY: Citadel, 2007.

_____. *Witch Crafts.* Nova York, NY: Citadel, 2002.

Rose, Carol. *Spirits, Fairies, Leprechauns, and Goblins: An Encyclopedia.* Nova York, NY: W.W. Norton & Company, 1996.

Ross, Alice. "What Is a Kitchen?". *Journal of Antiques and Collectibles,* maio de 2003. http://journalofantiques.com/2003/columns/hearth-to-hearth/ hearth-to-hearth-what-is-a-kitchen/ (acessado em 3 de julho de 2018).

Rubel, William. *The Magic of Fire: Hearth Cooking: One Hundred Recipes for the Fireplace or Campfire.* Berkeley, CA: Ten Speed Press, 2002.

Telesco, Patricia. *A Kitchen Witch's Cookbook.* St. Paul, MN: Llewellyn Publications, 1994.

_____. *Magick Made Easy.* San Francisco, CA: Harper Collins, 1999.

Thompson, Janet. *Magical Hearth: Home for the Modern Pagan.* York Beach, ME: Weiser, 1995.

Tresidor, Jack. *Dictionary of Symbols: An Illustrated Guide to Traditional Images, Icons, and Emblems.* San Francisco, CA: Chronicle Books, 1998.

Wylundt e Steven R. Smith. *Wylundt's Book of Incense: A Magical Primer.* York Beach, ME: Weiser, 1996.

# Agradecimentos

Meus agradecimentos infinitos vão para a equipe da Simon & Schuster que trabalhou neste livro para levá-lo a uma nova rodada de leitores, incluindo Eileen Mullan e Brett Palana-Shanahan. Agradeço também, mais uma vez, à minha equipe original da Adams Media, que ajudou a desenvolver a primeira versão deste livro, especialmente Andrea Hakanson. De todos os caminhos da bruxaria, a magia de lareira é a mais próxima do meu coração, e serei eternamente grata a ela por me ajudar a compartilhá-la com os leitores.

ARIN MURPHY-HISCOCK é alta sacerdotisa do clã Black Forest. Atua há mais de vinte anos no ramo da espiritualidade alternativa e já escreveu diversos livros, entre eles *Bruxa Natural*, também publicado pela DarkSide® Books. Além de trabalhar como sacerdotisa em sua comunidade, realizando ritos de passagem e ministrando workshops ocasionais, ela também é editora. Mora em Montreal, no Canadá, e se dedica ao violoncelo e à costura nas horas livres.

MAGICAE é uma coleção inteiramente dedicada aos mistérios das bruxas. Livros que conectam todos os selos da **DarkSide® Books** e honram a magia e suas manifestações naturais. É hora de celebrar a bruxa que existe em nossa essência.

DARKSIDEBOOKS.COM